NF文庫
ノンフィクション

ケネディを沈めた男

元駆逐艦長と若き米大統領の死闘と友情

星 亮一

潮書房光人新社

まえがき

今年、米国大統領が何かと話題になった。バイデン大統領就任に際し、トランプ米大統領は支持者をあおって連邦議会議事堂への乱入を招いたことで政権内外から批判を受けた。前代未聞の出来事だった。米国の民主主義も大きく崩れ、日米同盟も揺るぎかねない危機に立っている。

日米関係の歴史を見ると、もっとも深い関係を築いたのはケネディ大統領の時代だった。ケネディは若き日、魚雷艇の艇長として太平洋戦争で日本海軍と戦い、ソロモン諸島の海戦の時、日本海軍の駆逐艦天霧に遭遇し、避けきれず、魚雷艇は真っ二つに裂けて沈んだ。ケネディは部下とともに泳ぎ、九死に一生を得た話は映画にもなった。昭和二十六年、下院議員として来日したケネディは、自分と戦った駆逐艦の艦長を探してほしいと日本政府に依頼した。

その艦長は福島県喜多方市出身で、当時、塩川町長を務める花見弘平元海軍中佐であることが分かった。花見は旧制喜多方中学校から海軍兵学校に進み、駆逐艦の艦長として南の海で戦っていた。花見は魚雷艇の乗組員を深追いせず、その場を離れた。武士の情けだった。ケネディは花見を突き止めると、連絡を取り合って交流を深めた。

ケネディが大統領に就任したのは昭和三十五年である。その時、私は福島民報記者として会津若松支社に勤務しており、本社のデスクからの指示で、花見町長を尋ね、衝突の模様をつぶさに聞き出し、翌日の紙面を飾ることができた。平成二十六年には、『ケネディを沈めた男』を執筆した。

いまも地元・塩川の人々はケネディが生きながらえ大統領になったことを喜び、ケネディファンは多い。今回、バイデン大統領が誕生、いずれ来日すると思われ、その時は塩川においでいただきたいと願っている。

今回、この本が文庫化され、バイデン大統領にもお送りすることになっており、日米交流に新たな一ページを飾ることになる。

著　者

ケネディを沈めた男——目次

作図／佐藤輝宣

写真提供——花見和子（『夫・弘平との六十年』より）／吉田正敏／著者／福島民報社／雑誌「丸」編集部／米国大使館／John F. Kennedy Presidential Library and Museum ／ National Archives

ケネディを沈めた男

——元駆逐艦長と若き米大統領の死闘と友情

第一章　大東亜共栄圏

トラック島

昭和十六年（一九四一）九月、花見《はなみ》弘平《こうへい》海軍少佐は、第四艦隊に所属する駆逐艦朝凪《あさなぎ》艦長を命ぜられ、海軍機でトラック島に赴任した。

会津藩の風土で育った新進気鋭の海軍士官である。

これは対米戦争を想定しての人事だった。

花見は責任の重大さをひしと噛みしめて機上の人になった。

初めて見るトラック島は桃源郷《とうげんきょう》のようなところだった。

マングローブの森が広がり、それは神秘的な風景だった。そこには水路が張り巡らされ、あちこちにお花畑があった。

現地の人々の住まいは椰子の葉で編んだ小屋のようなもので、その周辺には鶏や家鴨が悠々と闊歩し、ひよこどもが後を追うといった情景は、日本の田舎を思わせるものだった。

女たちが素足で沼の中へ膝まで浸かりながら、そこいらをその足で掻き回して貝をとっていた。

椰子の木には所々に椰子酒を採取するための瓶が吊るされていた。おいしい酒だということだった。

ここも戦場になるのか、花見は複雑な思いで周囲の風景に見入った。

通称トラック島とは、トラック環礁を構成するトラック諸島の総称だった。日本の委任統治領である南洋群島の施政機関・南洋庁の本庁はパラオ諸島のコロール島にあり、トラック島の夏島には南洋庁東部支庁が置かれていた。

トラック島は夏島をはじめ、春島、秋島、冬島らの四季諸島、月曜島、火曜島らの七曜諸島のほか、百三十二万平方キロメートルの海域に点在する大小二百数十の島々から成っており、カナカ族一万四千七百余人が住んでいた。

猛獣や毒蛇などはいなかった。ただし、蚊とハエが多く、蚊取り線香とハエ叩きが必需品だった。

夏島周辺の海は広くて水深も深く、自然の良好な錨地をなしており、優に連合艦隊の泊地となり得るほどのものであった。また竹島には(開戦後は春島にも)飛行場があり、他の島々の多くにも陸上の諸施設が設けられていた。

第一次世界大戦後、ドイツ領から日本の委任統治領となって以来、トラック諸島は「南の生命線」を守る日本海軍の一大根拠地としての様相を着々と整えつつあった。

第四艦隊

ここに駐留する第四艦隊はこのとき、いろいろの意味で注目を集めていた。一つは前航空本部長の井上成美《いのうえしげよし》中将が司令長官に発令され、赴任していたからである。

井上は頑として日米戦争に反対した人物だった。

海軍の作戦を統括した軍令部が進める大海軍構想にも異議を唱えた。日露戦争勝利の亡霊にとりつかれ、大艦巨砲主義に走り、戦艦大和、武蔵などの建造を進め、アメリカ艦隊と洋上決戦をせんとする発想は、陳腐《ちんぷ》だと言い続けてきた。

日米が戦った場合、南海の島々を取り合う持久戦になり、最後は日本が完敗するとまで言った。

花見は、「おい、お前は大変なところに行くな」と同僚に言われたが、井上は仙台の出身である。同じ東北人ということで、会津人の花見に違和感はなかった。

東北人は概して青臭く理屈っぽいところがある。明治維新で仙台も賊軍だったので、花見にはなんとなく井上の気持が理解できた。

連合艦隊司令長官の山本五十六大将は越後の長岡である。第一航空艦隊司令長官の南雲《なぐも》忠一《ちゆういち》中将も米沢の人である。総理を務めた海軍大将米内光政《よないみつまさ》は盛岡である。東北の時代がようやく来たという感じだった。

「それにしてもトラック環礁は広いところだ」

と花見は思った。

南洋庁

第一次世界大戦後、国際連盟から統治を委任されていた南洋群島全域が、第四艦隊の防備区域であった。

すなわち、東経百三十度より百七十五度、北緯零度より二十二度にわたっており、東西五千キロ、南北二千四百キロの海域に散在するマリアナ諸島、カロリン諸島、マーシャル諸島等に属する大小千四百余の島々が広がっていた。

この広大な海域に広がる島々の防備と、ここを基地として活動する各部隊を支援するのが第四艦隊の任務だった。しかし与えられた兵力は、若干の水上艦艇と航空部隊のほかに、わずかの潜水艦が配されているに過ぎなかった。

航空機にいたっては、いずれも支那事変初期に使われた零式艦上戦闘機の前の固定脚機である旧式の九六式艦上戦闘機や九六式陸上攻撃機といわれる双発の中型攻撃機などで、新鋭機は一機もなかった。

長官の日課

井上は、ここに赴任するとき、呉《くれ》から岩国《いわくに》へ行き、岩国から大型飛行艇に乗り継いで、八月二十一日にサイパン島に着き、そこで碇泊中の第四艦隊旗艦鹿島《かしま》に座乗し、直ちに将旗を掲げた。

　太平洋戦争開戦まであと百余日を残しての赴任であった。井上を迎えた鹿島は時を移さずトラックへ向かった。

　夏島の小高い緑の丘の上にある白塗りのしゃれた平屋建の洋館が、第四艦隊司令長官の公舎だった。もとは南洋庁東部支庁の長官宿舎だったが、海軍がこれを借り上げ、第四艦隊長官用の宿舎に転用していた。

　南国の朝は早い。

「チョウカン、オハヨウ」

と人真似で鳴く九官鳥に、まじめな顔で「おはよう」と答える井上だった。

　こうして井上の一日が始まった。

　軍属の理髪師の資格でこの家に住み込みの留守番役をしている松田九蔵夫妻から挨拶を受けて、井上は朝の食卓につく。従兵石黒博一兵長のととのえた海苔、卵、味噌汁、漬物で茶碗に軽く二杯の飯を食べる。副官もお相伴した。

　食後、和服から純白の第二種軍装に着替える。

　タンスには二十四着の純白の軍装が、アイロンのかかった三十二枚のワイシャツとともに収納されていた。井上が好んで着た白麻の和服も幾枚かたたまれていた。

　引き出しには、勲一等功三級の勲章や、イタリアのコン

第四艦隊司令長官・井上成美中将

マンドール・クーロンヌ勲章などをはじめ、二十数個の勲章や記念章が入っていた。

勤務は沖に停泊中の鹿島である。

迎えの小豆色の米国車ビュイックに副官とともに乗り込み、坂を下って海軍桟橋へ向かう。そこで長官艇に乗り換え、沖に碇泊中の鹿島に走らせ、艦上の人となる。

午前八時、軍艦旗掲揚である。これから井上の公式業務の日課が始まる。

午前の日課が終わったところで、井上は司令部要員とともに艦で昼食をとる。

純白のクロスのかかったテーブルには、よく磨かれたナイフやフォークが並び、軍楽隊の演奏もあった。

フランス料理が多く、一般の兵士からみれば貴族のような日々だった。

花見も一度、昼食に招かれ、親しく長官や司令部要員と懇談した。

午後四時、その日の日課が終わると、井上は副官を従えて再び長官艇に乗る。

夕刻の泊地は汽艇やランチで混雑している。その中を長官艇はサイレンを鳴らしながら桟橋へ直進する。

松田夫妻の沸かす風呂の温度はいつも一定しており、浴室内の手桶、腰掛、石鹸箱の位置もぴたりと決まっていた。夕食の後はもっぱら読書だった。

午後九時、自家発電機停止、消灯。

これが井上の一日だった。ちろん、開戦までの束の間の優雅さだった。

駆逐艦に寝泊まりしている花見にとって、長官の日々は天国に思えた。

ボロ艦隊

第四艦隊の戦力はひどいものだった。

鹿島は前年就役した新鋭艦だが、もともと士官候補生の練習航海用の艦で、戦闘能力は低かった。

ほかに軽巡洋艦が天龍《てんりゅう》、龍田《たつた》、夕張《ゆうばり》の三隻だけ、後は敷設艦、特務艦、何隻かの駆逐艦、潜水艦、商船徴用の特設砲艦というお粗末な艦隊だった。

司令部スタッフは参謀長矢野志加三大佐、先任参謀川井巌大佐、通信参謀飯田秀雄中佐、砲術参謀米内四郎少佐、機関参謀井上武治少佐、航海参謀土肥一夫少佐、航空参謀山口盛義少佐、水雷参謀岡田貞外茂少佐、副官渡辺謙次郎中佐のほかに軍医長、主計長、法務官ら二十数人である。

開戦と同時に増強されるが、戦争がなければのんびりしたものだった。

戦争が始まると、南海の海も修羅場と化すが、まだその実感はなかった。

分岐点は満州

当時、日米関係は最悪の状態に陥っていた。その分岐点は満州だった。

中国進出に後れを取ったアメリカは、日本の対中国政策に異議を唱え、蔣介石《しょうかいせき》政権と共同で、日本軍の中国からの撤退と満州の返還を求めた。

満州に石炭、森林資源、農作物などを頼っていた日本は、ついには日独伊三国同盟を結び、アメリカと対抗せんとした。

一方、アメリカも日米戦争を想定したオレンジ作戦があった。そこには次のようにあった。

1、アメリカが戦争に巻きこまれ、太平洋を舞台に起こる戦争は日本との戦争である。
2、日本がヨーロッパ諸国と同盟関係を結んでいたならば、これも断固粉砕する。
3、太平洋ではいち早くアメリカの制海権を確立する。
4、日本の支配下にある島々およびフィリピン諸島にあるすべての港を支配する。
5、日本にとっての死活問題は海上補給路である。米軍はこれを支配する。

などが骨子となっていた。

日本の陸海軍と根本的に異なるのは、海上補給路を絶つという経済封鎖戦略である。資源がない日本は物資の補給路を絶たれれば、自滅するという発想だった。

昭和六年（一九三一）九月十八日、満州事変が勃発してから日米関係は一段と悪化していた。

「日本は軍事国家であり、世界のパワーに迫りつつある」

と、アメリカ海軍は日本に対する警戒を強めた。

アメリカはさらに日米通商航海条約の破棄、特殊工作機械の対日輸出の制限、石油、屑鉄を輸出許可制にするなど次々に日本に厳しい制約を加え、中国からの撤退を迫った。

日本の国民感情は「とんでもない」と断固拒否だった。

日本はアルミニウム、アンチモニー、ニッケル、ゴム、木綿、石炭、鉄鉱石、錫、羊毛、亜鉛などが枯渇しており、石油の備蓄に至っては五百万ないし六百万トンしかなく、数ヵ月で底をつく状態になっていた。

それだけではない。アメリカは対日戦争の準備もはじめていた。マーシャル、マリアナ、カロリンなど日本の南洋委任統治領を占領し、そこに航空基地をつくり、飛び石作戦で日本本土を爆撃するという内容だった。

ここまでくれば日米戦争必至の雲行きといえた。

パナイ号事件

昭和十二年（一九三七）十二月十二日には、パナイ号事件が起こった。

この時期、日本軍は南京攻略戦を行なっており、陸軍部隊に協力して作戦を展開中の海軍航空部隊に、揚子江を多数の中国兵を乗せた大小汽船十隻およびジャンク多数が航行中という知らせが入り、これを攻撃して二隻を撃沈、二隻に火災を起こさせた。さらに、南京上流十八キロ付近で汽船三隻を攻撃した。

ところが、これらは米英砲艦と商船であり、撃沈した船は米砲艦パナイ号および米商船であることが判明した。

また同日早朝、敵の唯一の退路である揚子江を通過する船が外国旗を掲揚しているという情報があり、陸軍砲兵部隊が大型汽船四隻を発見して砲撃を加えた。これも英砲艦レディーバード号と英艦船だった。

アメリカ政府はこれを契機に日米戦争を予測し、軍備の強化を急いだ。ルーズベルトと仲が悪かった陸軍のタカ派マッカーサーがアメリカ極東軍司令官に復帰するやマッカーサーはフィリピンを拠点にB17爆撃機で日本を爆撃する計画を練り、日本本土への先制攻撃も視野に入れた作戦を立てた。

ABCD包囲網

加えてアメリカ、イギリス、中国、オランダのABCD包囲網は決定的だった。輸入はストップし、石油、鉄などの戦略物資は欠乏の一途をたどり、酒、木炭、食用油、魚、さらには米が配給制になり、金属製品の供出もはじまった。

経済封鎖の背景には、日本人に対する偏見もあった。アメリカ人は日本人を「ジャップ」と人種差別し、東京駐在のイギリス海軍武官は「日本人は頭が悪い」と本国に報告、イギリス中国基地艦隊司令長官は「黄色い劣等人種」と言って、はばからなかった。

「断固戦うべし」

花見ら佐官級の士官たちは、眦《まなじり》をつりあげた。

荻外荘

米英、オランダが対日輸出停止を断行した場合、石油はじめ重要軍需物資は大半、一ヵ月から半年しか持たない。そこで陸軍参謀本部はマレー攻略、香港攻撃、フィリピン、ビルマ、蘭印、グアム、ウェーク空襲などを敢行し、戦略物資を確保する南進策をとった。

南方軍総司令官には寺内寿一《てらうちひさいち》大将が起用され、陸軍の航空師団を南方に向け、マレー、ビルマ、ボルネオには第三飛行集団、フィリピンには第五飛行集団を当てた。

新聞論調も対米戦をあおり、国民もうかれた。

トラック島に赴任した花見は、月月火水木金金の猛訓練を怠らなかった。優しい顔に似合わず鉄拳制裁を科す花見だった。それは駆逐艦の脆弱さを熟知しているからだった。

日本政府が対米戦に踏み切る決断を下すきっかけとなったのは、連合艦隊司令長官山本五十六の一言である。

昭和十五年（一九四〇）九月のことである。ときの総理大臣近衛文麿《このえふみまろ》が荻窪《おぎくぼ》の私邸荻外荘《てきがいそう》に山本を呼んだ。

「山本君、万一、日米戦争が起こった場合の見込みはどうかね」

と近衛が聞いた。山本はしばらく沈黙のあと、こう言った。

「ぜひやれといわれれば、はじめの半年か一年のあいだは暴れてご覧にいれます。しかし、一年、二年となれば、まったく確信はもてません。日独伊三国同盟ができてしまったのは致し方ないが、日米戦争は回避していただきたい」

こうした話は、すぐ世間に伝わるものである。

「山本にまかせてみてはどうか」

山本はいつの間にか国民の主戦ムードを背負わされた。

近衛首相もそのあとの東条英機《とうじょうひでき》首相も山本の発言に便乗した。

やがて在外資産の凍結、石油全面禁輸などが打ち出されると、戦争は避けられないとする見方が一気に広がった。

山本の本音

昭和十六年九月十八日、山本の母校である新潟県立長岡中学校の同窓会が東京学士会館で開かれた。山本が何をしゃべるかが、皆の注目の的だった。

一人が、

「アメリカはぜいたくをして文明病にとりつかれている」

と言った。

「そうではない。アメリカ人は正義感が強く、偉大なる闘争心と冒険心を持っている。とくに科学はすごい。しかも世界無比の資源と工業力をもっている。アメリカを馬鹿にして戦争をするというのは大間違いだ。特に電波研究は驚くべきものがある」

と皆を叱った。

山本は駐米大使館付武官を務め、その間アメリカの名門、エール大学に学んでいた。

アメリカと戦争などとんでもない。しかし、国家からやれと命令されたら連合艦隊は、やるしかない。山本はそう考えた。

日米の工業力、財力の差は決定的で、いくら海軍が努力をしても対米海軍兵力は五割以下に過ぎない。

かりに石油資源地帯を確保してみたところで、それを守り活用することも困難である。要するに長期戦は無理だというのが山本の本音だった。では山本が戦争に反対すれば、近衛首相は戦争をやめるのか。そうではなかった。

山本が断固反対すれば、連合艦隊司令長官を更迭され、新長官のもとで戦争に踏み切るだろう。

日本全体が戦争に向かって走っていた。

かくて山本は真珠湾の奇襲攻撃に邁進する。井上はそこを批判した。

「対米作戦に自信がないというのであれば、職を賭して反対すべきであったと思う。国家が亡ぶかどうかの最大の瀬戸際だ。滅私奉公こそこのときだ。私はかねがね山本さんに全幅の信頼を寄せているが、一年半は戦って見せる。そのあとは知らない。この話は同意できない。山本さんのために惜しむ」

その山本は戦争の半ばで壮絶な戦死を遂げてしまう。かくて山本本人の懐旧談は存在せず、真意を聞きだすことは、永遠

連合艦隊司令長官
・山本五十六大将

に不可能となった。

飛行艇

昭和十六年十一月六日、トラック島の井上は山本長官から、

「作戦打ち合わせのために参謀長および幕僚を帯同して上京せよ」

との命令を受け取った。

井上は八日、飛行艇でトラック島を発ち、東京で嶋田繁太郎海軍大臣から大海令を受け取り、さらに瀬戸内海の桂島に在泊する連合艦隊旗艦長門《ながと》に向かった。

「戦うことに決したよ」

と山本長官が言った。

「ただし日米交渉がまとまれば、即座に撤退する」

と山本は付け加えたが、その可能性はないに等しかった。井上はこの時点でも戦争に反対だった。負ける戦をなぜするのか。

「とんでもないことになりましたね。アメリカの工業力は日本の十倍ですぞ。嶋田大臣に挨拶に行ったら、にこにこして困った様子はありませんでした」

井上が皮肉を込めて言うと、山本は、

「嶋ハンは、おめでたいんだ」

と言った。

井上は絶望的な気持になって、トラック島に戻った。

大義名分

「戦争の大義名分は大東亜共栄圏だ」

と井上が言った。

アジアから欧米の勢力を駆逐して、日本の自存自衛圏を確立し、併せて大東亜の新秩序を確立するという構想だった。

明治以降、日本の戦争戦略は対ソ作戦が中心だった。それを対米英作戦に切り替えなければならない。

海軍は基地から出港して帰ってくればいいが、陸軍は大々的な配置替えが必要になる。

「中国から撤退し、米英が反対する三国同盟から離脱すれば、ことがすむのではないか。米英と戦争して勝てるのか。陸軍にも海軍にも確信はないが、ここまで来た以上、開戦しかないというのが陸海軍首脳の見解だ」

井上の表情は決して明るくはなかった。

陸軍は寺内寿一総司令官のもと約四十万の軍隊を動員、アメリカの植民地フィリピン、イギリスの植民地ビルマ（現ミャンマー）、マレー半島、シンガポール、オランダの植民地蘭印（インドネシア）を占領する戦略を打ち出しているということだった。

当面、最大の戦略目標は大油田のある蘭印地区の占領である。

スマトラ、ボルネオには、米英資本による大規模な精油所があり、ここは是が非でも無傷で確保する必用があった。

「陸軍もやるな」

と花見は思った。

実弟侃《なおし》は陸軍少佐である。同じ喜多方中学校から陸軍士官学校、陸軍大学校に進み、この時、第三十六師団（雪兵団）の参謀として中国に駐留していた。

海軍の分担がハワイ空爆だった。

海軍がハワイの太平洋艦隊を叩けば、陸軍の蘭印占領も成功間違いなしだというのが、参謀本部の見解だった。

井上は参謀や艦長たちを連れて一夜、トラック島の飲み屋に出かけた。

「もう酒も飲めなくなる。今日はおもいっきり飲んでくれ、泊まっても構わん」

と言った。

トラック島には、海軍の兵士相手の女性が大勢、動員されていた。

何人かはこの夜、ここに泊まったが、井上は極めて品行方正だった。

花見も部下たちを連れて飲み会をひらいたが、花見もまた井上と同じように妻以外の女性と一夜をともにする気はなかった。

会津人のかたくなさだった。

第一航空艦隊が北方択捉島の単冠《ヒトカツプ》湾に集結、真珠湾攻撃に向かうことも内々に知らされた。

これは極秘であり部下には一切、知らせなかった。

先輩、後輩が大勢、第一航空艦隊に所属しており、花見は我がことのように武者震いした。

朝凪

花見が乗艦する朝凪は精悍《せいかん》な駆逐艦だった。

以前中国で乗った刈萱《かるかや》は小型の二等駆逐艦だったが、今度は敵艦隊にまっすぐ突進してゆく大型の一等駆逐艦だった。

はやぶさのように軽快で駿足、敵艦を追い詰め魚雷を放つのだ。

白昼であれ暗夜であれ、敢然と敵艦に肉迫する勇壮な駆逐艦は、海の男なら一度は乗りたい艦だった。

花見は第一志望が飛行機だっただけに、駆逐艦は自分の体に合っており、水雷術、航海術等、決して人に負けない自負心があった。

今回の所属は第四艦隊第六水雷戦隊第二十九駆逐隊である。いつでも出撃できるよう整備と訓練を怠らなかった。

装備は十二センチ単装砲四門、魚雷発射管連装三基、魚雷十本、七・七ミリ機銃二梃、爆雷が十八個あった。

「これで敵艦をぶちのめしてやる」

花見は心を躍らせた。

神風型駆逐艦朝凪。排水量1270トン、速力37.25ノット、12センチ砲４門、発射管６門を装備。花見弘平少佐は、昭和16年９月から17年10月まで艦長

もう一つ、花見には新しい任務があった。

空母の護衛である。空母を敵機から守るだけではなく、不時着した搭乗員を救助することも求められた。駆逐艦は緊張感の持続が大事だった。

以前、日向灘《ひゅうがなだ》での訓練で、第十五駆逐隊の夏潮《なつしお》と黒潮《くろしお》、第九駆逐隊の峯雲《みねぐも》が三重衝突事故を起こした。

峯雲が夏潮の右舷中央部に接触、夏潮の甲板がつぶれ、さらに夏潮が峯雲の艦首部にぶつかったので、峯雲は大損傷を受けた。

それだけではなかった。高速で走っていたので、黒潮も峯雲の左舷に激突、死傷者も出てしまった。油断は禁物だった。

燃料が届かない

問題が一つあった。

開戦間近だというのに、トラック島には、

肝心の燃料が届かなかった。燃料運搬中の特務艦が、なかなか到着しないのだ。第四艦隊司令部は大いに困惑した。司令部からの再三の督促に、特務艦の艦長から、「特製の帆を張って船足を速めることができたので、期日までに到着可能」との返信が届いたので、全員、ほっと胸をなでおろした。それにしても帆を張るとは心もとない話だった。

「大丈夫かね」

花見は不安を抱いた。

第二章　花見の経歴

塩川の旧家

花見弘平は明治四十二年（一九〇九）八月二十七日、福島県耶麻《やま》郡塩川《しおかわ》町大字小府根字利根川に父清喜、母ジュンの二男として生まれた。

姉、兄、弟、妹の七人兄弟。姉靖子は大正七年二十歳で病没、兄清弘も慈恵医科大を卒業して沼津の病院でインターン中に病没してしまい、弘平が花見家の九代目だった。

現在、塩川町は喜多方《きたかた》市と合併、喜多方市塩川町となったが、花見家はこの界隈の旧家で、藩政時代は肝煎《きもいり》だった。

父清喜は学者肌で書を好み、暇さえあると本を読み、会津中学校（今の会津高等学校）卒業で家業に就いたが、どこかあきたらないものがあり、ますます読書にのめりこんでいた。

父の弟、叔父の朔己《さくみ》は旧制会津中学校から仙台の第二高等学校に進み、東京帝大文学部で歴史を専攻、文部省に勤め、歴史学者として頭角をあらわしていた。

「どうして君は喜多方中学かね」

花見は中学校の話になるとよく聞かれた。

会津の進学校は会津藩校日新館の流れをくむ会津中学校と決まっていた。花見の父親も叔父も兄も会津中学校に進んだ。弘平は塩川小学校で一番の成績だった。当然、会津中学校に進むと思われていた。

ところが、隣の喜多方町に会津中学に遅れること二十四年、ようやく県立喜多方中学校が大正七年に開校した。

これは喜多方の人々の悲願だった。会津若松に比べ喜多方は知名度が低く、残念ながら評価は何段か低かった。せっかく中学校ができても頭のいい生徒を集めなければ、会津中学校に追いつくことは不可能だった。

喜多方町の人々は、何事も会津若松市の下に見られることが、面白くなかった。打倒会津若松である。そのためには人材を育てなければならない。そこで中学校開設運動を繰り広げ、ようやく悲願が達成したのである。

校長の仕事は優秀な子供をいかにして集めるかである。狙われたのが塩川小学校の神童と言われた花見弘平だった。

喜多方中学校の校長が自宅に現われ、

「何とか弘平君を喜多方中学校に入れてほしい」

と、父親に陳情に及んだ。

福島県立喜多方中学校時代の花見弘平（２列目の右から２人目）。大正14年、図書委員のメンバーと

塩川町は会津若松市よりは喜多方町よりの地勢だった。

「しかし……」

はじめ渋っていた父親が、梃子《てこ》でも動かない校長の熱意に押され、

「わかりました」

と答え、父親の一存で、弘平と弟の侃《なおし》は喜多方中学校に通わされた。

父親の命令は絶対である。

さほど違和感もなく喜多方中学校に進んだ花見はトップの成績を続け、叔父と同じように仙台の第二高等学校から東京帝大を目指すつもりだった。

ところが世の中、ふとした偶然が重なって、海軍兵学校に進むことになってしまった。

テスト受験

ことの始まりは、喜多方中学校の四年生の時である。旧制中学校は五年制だが、四年修了で、上級学校を受験することが出来た。

「お前、海軍兵学校を受けてみろ」

と親しい同級生が言った。

さほど勉強しなくとも上位の成績だったので遊んでばかりいた。だから超難関といわれた海軍兵学校に合格するなど夢にも思わず、気楽に受験した。第二高等学校受験のテストのつもりだった。

第二高等学校は東北の若者にとってあこがれの的だった。全寮制で音に聞こえた蛮カラの学校だった。

戦後、東京の第一高等学校は東京大学、第二高等学校は東北大学、京都の第三高等学校は京都大学に吸収された。

当時、海軍兵学校の入学試験は全国の主要都市で行なわれた。

会津地区の受験地は新潟だった。新潟の生徒と一緒である。受験者は全部で二十六人。会津からは喜多方中学三人と会津中学二人の受験で、花見は初日に落第して帰るのが関の山と、いたってのんびりと受験した。

初日午前の代数で二十一人が振り落とされ、五人が残った。その内訳は喜多方中学が二人と新潟中学三人だった。そして、その日の午後の幾何で喜多方中の一名が落とされて四人となった。翌日、また落とされ最後まで残ったのは花見一人だった。

これは何かの間違いではないかと思った。合格すると、入学せよと周囲から言われ、第二高等学校ではなく、海軍兵学校に入学することになってしまった。

入学者は全体で百三十人。東北地方からは六人で、福島県からは花見一人だった。

これまで東京に一度出たほか県外に出たことのない田舎者が唯一人、知人もなく、兵学校のある広島県江田島に向かい、キョロキョロと辺りを見回しているばかりだった。

海兵五十七期

この時、一緒に入学した五十七期生は次の人々だった。

秋田芳男	福山中	小野崎誠	水戸中	沢田	松山中
石黒　進	横浜一中	金子　来	福岡中	猿渡正之	台北一中
石橋政雄	佐賀中	河村同人	愛知一中	志垣郁雄	熊本中
伊藤末吉	愛知一中	菊田志郎	金沢一中	関戸好蜜	福山中
石川義郎	愛知一中	北里又郎	日本中	関野英夫	府立一中
井上徳男	海南中	木ノ下甫	福井中	高木長護	修猷館
江村日雄	伝習館	熊谷利美	福井中	高橋孫三郎	明倫中
大崎秀海	土佐中	香西房市	高松中	田中知生	佐賀中
大庭春雄	麻布中	古要桂次	浦和中	棚田次雄	呉中
岡田　恰	岩国中	郡山三良	出水中	谷　明憲	中津中
岡本　功	熊本中	佐藤欣重	太田中	道木正三	明倫中

内藤　力	愛知一中
野中太郎	佐賀中
花見弘平	喜多方中
福島　勉	呉中
古谷卓夫	防府中
前田一郎	鹿児島一中
真木成一	府立五中
増田五郎	小城中
峰川　実	鹿島中
武藤克三	宇土中
村上忠臣	防府中
森　幸吉	仙台一中
山縣侠一	岩霞中
山崎　誉	海南中
山下菊男	丸亀中
山下雅夫	堺中
安井鈊二	長府中
吉岡忠一	浜松一中
阿金静夫	熊本中
姉川　実	明善中
伊藤勉一	広島一中
伊東亀城	青森中
伊東謹之助	安房中
板谷　茂	三養基中
井筒紋四郎	岐阜中
潮田良平	府立一中
内山　登	川内中
大金　茂	水戸中
大串秀雄	佐賀中
大塚昌三	京都一中
大西勇治	竜野中
岡村静夫	臼杵中
小川陽一郎	東築中
奥田重信	高松中
楠　美正	京華中
桑原新兵衛	川内中
小泉四郎	太田中
古賀忠一	伝習館
児玉左一	世羅中
小牧一郎	津中
小屋増男	金沢一中
近藤忠兵衛	徳島中
酒井　晃	金沢一中
坂本以文	京城公立中
坂本栄一	佐賀中
渋谷　隆	延岡中
嶋崎重和	岡崎中
自見仁一	中津中
杉原与四郎	杵築中
高野初男	三池中
滝沢是介	府立一中
田代壮一	鹿島中
立川秀雄	京都府立三中
蓼沼三郎	秋田中

塚田重夫　宇都宮中
富永義秋　玉名中
鳥生輝男　今治中
中尾九州男　嘉穂中
中尾小太郎　萩中
中西二一　広島一中
中原　繁　宮崎中
長井勝彦　福山中
信谷正一　小浜中
乗田貞敏　鹿島中
橋本重房　掛川中
長谷川唆　熱田中

畑野健二　猶興館
花本清登　呉中
林　一夫　岐阜中
檜貝嚢治　佐倉中
平佐田休　川内中
広木　武　伝習館
藤田　淳　広島一中
藤村　悟　鴻城中
馬越正博　山陽中
間瀬武治　呉中
宮崎新作　防府中
宮田　旻　太田中

南　祝　府立五中
武藤健一　秋田中
村山格之　小城中
村山利光　呉中
山口時男　佐世保中
山口寅雄　呉中
山下七郎　早稲田中
山本繁一　宮崎中
山本登志雄　土佐中
吉沢政明　市岡中
渡辺　鞏　水戸中

見たところ大半が関東以西で、東北は秋田中二人、仙台一中、青森中各一人だった。いずれも県を代表する進学校である。同期生は終生、横の連携は強いものがあった。

志望は飛行機

花見は当初、飛行機乗りが志望だった。

海軍兵学校を卒業すると遠洋航海に出る。その帰国途中に配属が決まる。砲術、水雷、通信、航海の各学校及び霞ヶ浦の航空隊への入隊である。航空隊のテストで適性検査に通っており、しかも上位だったので、当然採用されるものと思っていた。

ところが、航空学生の名簿に自分の名前がない。愕然とした。乗り組んでいた駆逐艦の艦長に聞いたところ艦長は、

「それは君の兄さんが亡くなられて、君が相続人になったので、飛行機に取られぬよう私が人事局にお願いしておいたのだ」

と言った。

花見は勝手に自分の希望の道を塞いだ艦長の仕打ちを恨んだ。しかし後で考えてみると、艦長の部下の家庭をも考慮した処置は、長の長たる道かもしれないと感謝した。

確かに航空学生は、よく事故を起こし、多くの犠牲者を出していた。

艦長になってみて、部下の命をいかにして守るか。それは重大なことだとわかった。失われた命は二度と戻ってはこない。これは上に立つ者の責務だと肝に銘じた。

伊達一門

海軍の幹部は家系をたどると、武士階級か富農の子弟が結構多かった。

井上成美第四艦隊長官もその一人だった。

井上は明治二十二年（一八八九）十二月、宮城県庁の一等属井上嘉矩《よしのり》の十一男に生まれた。父はもともと幕府の直参《じきさん》だった。先祖は加賀国松平加賀守の家臣だったが、故あって浪人となり、幕臣になった。幕府から長崎に派遣され、オランダ人について建築技術を習得した。

静岡県士族の娘花子と結婚し、三男一女を儲けたが、花子が病没し、後妻に入ったのが、井上の母となるもとだった。

もとは伊達藩重臣角田《かくだ》領主石川義光《いしかわよしみつ》の十女で、細面《ほそおもて》の美人だった。石川氏は伊達家の一門で、現在の宮城県角田市が領地だった。現在の宮城県立角田高校、前身の旧制角田中学校の敷地は石川氏の城塞跡で地元では角田城と呼ばれていた。

井上は宮城師範学校附属小学校から宮城県立第一中学校の分校に入学。分校の廃校に伴い宮城県立第二中学校に移った。現在の仙台第二高等学校である。（旧制の第二高等学校とは別）

中学四年終了時の成績は六十人中一番だった。花見とおなじように恐ろしく頭が良く、数学と英語が得意だった。

海軍兵学校を受験した理由の一つに家計の問題があった。もとの子供九人の内一番上の秀二は第二高等学校から京都帝大、以下陸軍士官学校、第二高等学校、京都帝大、陸軍士官学校、すぐ上の兄は第二高等学校、東京帝大だった。ある日、

「成美、座りなさい」

大正15年４月、海軍兵学校に入校した花見弘平（57期）。同期122名のうち福島県出身者は花見一人であった

大正15年12月、兵学校第６分隊の生徒たち。２列目右端が花見

と父に正座させられた。

「もう我が家に金がなくなった。お前は軍の学校にいってくれ」

と言われて、成美は海軍兵学校に進んだ。

海軍兵学校は授業料無償、生活費も支給された。現在の防衛大学校や防衛医科大学校も同じである。軍の学校には経済的理由で入ってくる生徒も結構多かった。

井上の卒業時の成績は二番だった。スイス駐在武官、イタリア駐在武官、戦艦比叡《ひえい》艦長、海軍省軍務局長、支那方面艦隊参謀長、海軍航空本部長と輝かしいポストを歩み、まばゆい感じの人だった。

しかし人柄はいたって庶民的、部下おもいの人で、花見も何度か声をかけてもらい、食事のご馳走に預かった。

角田といえば、海軍では保科善四郎《ほしなぜんしろう》中将が角田中学校の出身だった。保科もアメリカ駐在の経験があり、親米派で知られた人物だった。酒を一滴も飲まなかったが、第三艦隊参謀時代、「それでは人は使えない」と司令長官米内光政にいわれ、飲んでみたら飲める口だった。

井上とは交流があり、井上は「二重人格」と保科を評したが、明確に戦争反対をとなえたのは、井上ぐらいなもので、他に求めるのは無理というものだった。

保科は戦後、衆議院議員を四期務め、海上自衛隊の創設に尽力、国防族の中核となった。

昭和11年11月、戦艦山城で撮影された同艦砲術科准士官以上の写真。最前列右５人目が高松宮宣仁親王（海兵52期、当時少佐）、右端が花見大尉

遠洋航海

花見は昭和四年（一九二九）三月、海軍兵学校を無事に修了し少尉候補生となって練習艦磐《いわ》手《て》に乗り組み、七月一日、横須賀から遠洋航海に出港した。

この時の遠洋航海は北アメリカ方面で、まずハワイのホノルル、バンクーバー、サンフランシスコ、サンペドロ（ロサンゼルスの港）、バルチモア、ハバナ、ニューヨーク、コロン（パナマ）などを回り、十二月二十日、帰国した。約六ヵ月の旅だった。

航海中、海軍士官としての船乗り訓練を受け、各地で在留邦人に大歓迎された。

ワシントンでは当時の大統領フーバーと、またカナダ、メキシコの大統領とも謁見した。ニューヨークでの在留邦人千余名の大パーティー、ダンスパーティーには参ったと話していたが、各地で二十歳そこそこのヤングアドミラルは大いにもてた。

アメリカの海軍兵学校アナポリス、陸軍士官学校ウエストポイントでは学生同志の交流を深めた。海軍士官はインターナショナルに育てられた。

帰国後はすぐに自分の専門部門を定めるために学生生活となり、海軍水雷学校や海軍砲術学校などで初級士官としての勉強を行ない、巡洋艦衣笠《きぬがさ》などで約一年間勉強した。

昭和五年十二月一日、ようやく一人前の海軍少尉となる。同五年から七年にかけては巡洋艦古鷹《ふるたか》、五十鈴《いすず》、駆逐艦神風《かみかぜ》などに乗り組み、昭和七年十二月一日海軍中尉に昇進し、台湾の澎湖《ほうこ》島《とう》の警備に就いた。

その後、駆逐艦雷《いかずち》、葦《あし》に乗り組み、昭和十年十一月十五日、海軍大尉に任じられ戦艦山《やま》城《しろ》に一年ほど乗り、この時、高松宮様とご一緒だった。

県知事や市長が過剰に表敬訪問されることを嫌われた宮様は、花見とふたりで、町にこっそり出かけたことも何度かあった。

翌十一年の二月二十六日、二・二六事件が起こった時は四国の宿毛《すくも》にいたが、連合艦隊は東京湾に集結して、なり行きを見守った。

昭和十一年十二月には水雷学校高等科学生となり陸に上がった。学生生活は二年位で、この間は陸上勤務なので、多くの人達は結婚する。

和子と結婚

花見も知人の紹介で陸軍軍人の娘、岩野和子と結婚した。弘平二十八歳、和子十八歳だった。

逗子《ずし》市に家を借り新婚生活に入ったが、二週間位で支那事変が勃発し、花見はあわただしく佐世保《させぼ》から上海に出動した。

逗子から佐世保に向かうとき、妻が駅まで行くと涙が止まらないというので、二人は自宅の玄関で別れた。花見はこと女性に関してはいささか不器用だった。挙手の礼をして、手をのばし握手をしただけだった。軍人はそんなものだった。

中国戦線での花見は駆逐艦海風《うみかぜ》の水雷長として勤務したが、のちの南太平洋の苛烈《かれつ》な戦とは違って、のんびりしたものだった。

昭和十三年一月、佐世保に妻を呼んで夫婦水いらずの生活を送った。

その年の七月、花見は陸上勤務となった。海軍機関学校の教官となり、舞鶴《まいづる》に住んだ。休日には京都、大阪、北陸方面に旅をし、黒部《くろべ》峡谷にも行った。

舞鶴生活一年半で再び海上へ。花見は昭和十四年十一月、軽巡洋艦神通《じんつう》に転勤になった。呉が基地だった。

神通はいわくつきの軍艦だった。昭和二年八月二十四日、島根県美保関《みほがせき》沖で、夜間無灯火演習中に駆逐艦蕨《わらび》と衝突事故を起こし艦首を失い、蕨は沈没、乗員百十九人の命が失われ、神通艦長は自決した。

海上勤務は油断大敵、一瞬たりとも気を抜くことはできなかった。

海軍は家族のことなどおかまいなしで、転勤になると二、三日で私物、軍服、背広など必要なものを、行李《こうり》やスーツケースにまとめて、さっさと一人で任地に赴任するのだった。その後、駆逐艦刈萱《かるかや》の艦長を命ぜられ、旅順に赴任した。階級は大尉であった。そして今回、南太平洋に赴任したのである。

狭い艦内

駆逐艦は、戦艦や巡洋艦に比べると極端に軽量だった。舷梯《げんてい》も恐ろしく貧弱で乗り移ると艦がぐらりと揺れる感じがした。

艦長室も狭く、戦艦などに比べると、雲泥の差だった。士官室とそう変わらなかった。

アメリカ海軍では〝ブリキ缶〟というニックネームがあった。

万能多用途の軍艦で、対潜水艦防御、艦隊の前衛、直衛、船団の護衛、あるいは救助と活躍の場は広かった。小さい割には機関の馬力は巡洋艦並で、ガンガン走った。

庶民の出の花見には駆逐艦が一番、合うような気がした。

仮に戦艦大和ならどうだろうか。広すぎて艦内は迷路のようだったし、乗組員も二千五百人以上と多く、誰が誰だか覚えきれない。その点、二百人足らずの駆逐艦の乗組員は和気藹々、お互いの気心も分かり、家族同然だった。

出港して一週間は野菜や生肉、鮮魚類があったが、それ以後は魚といえば塩鮭しかなく、あとは乾燥野菜と缶詰だった。野菜が切れると壊血病になり、夜、目が見えなくなる。

昭和12年６月19日、花見弘平・岩野和子の結婚式の記念写真。弘平は当時大尉で28歳、和子18歳であった

昭和13年５月、乗艦（駆逐艦海風）の佐世保入港時、雲仙で小旅行を楽しむ花見夫妻

若竹型の刈萱。花見が初めて艦長を務めた駆逐艦（昭和15年11月から16年８月末）。排水量900トン、速力35.5ノット、12センチ砲３門、発射管４門を搭載

新鮮な野菜は何物にも代えがたいものだった。

夜間訓練

駆逐艦が特に力を入れたのが夜間訓練だった。星も月もない時化《しけ》の時も訓練を行なった。灯火も全部消し、眼を皿のようにして突進するのである。見開いた眼に海水の飛沫が容赦なく飛び込み、眼は腫れて真っ赤になり、刺すように痛かった。

雨の時は黒い雨合羽を着て、鼠のように走り回りながら、魚雷の発射訓練を行なった。

じっと目を凝らすと水平線のあたりに、輪郭のはっきりしない、それでいて、海の色よりもやや黒い物体が見えてくる。それが敵の艦艇だった。敵が気づく前に魚雷を放つのだ。敵が先に気づいたら一巻の終わりである。

駆逐艦の最大の武器、爆雷と魚雷は諸刃の剣だった。狭い艦内に魚雷や爆雷を多数積んでいる

ので、敵弾を食らうと大爆発を起こして瞬時に轟沈するので、油断も隙も無い軍艦だった。一瞬たりとも気が抜けないのだ。

花見はいつも隅々まで点検し、乗組員に緊張感を持たせた。甘えは許さない怖い艦長だった。

第三章　太平洋の空母決戦

ルーズベルト

日本海軍は真珠湾攻撃で信じがたい大勝利を収めた。

米国太平洋艦隊司令長官のキンメル大将は、日本軍機がどこから飛来したのか、どこに飛び去ったのか、まったくわからなかった。キンメルは即、解任された。

真珠湾は火炎に包まれ壊滅状態に追い込まれ、ルーズベルト米国大統領は自尊心をうちのめされた。

大統領は才気縦横、やかましく興奮しやすい人物だった。

イアン・トール著、村上和久訳『太平洋の試練』（文藝春秋）を読むと、大統領は多彩な経歴の持ち主で、いくつもの肩書きを経験した。歴史家、弁護士、鳥類学者、ボクサー、牧童、読書家、猟師、作家、海軍次官補、ニューヨーク州知事、合衆国副大統領と様々な経歴の後、大統領に就任した。

大柄で肩幅広く、胸板が厚く、ざらざらした肌をしていた。日本人にはないタイプで、ブルドーザーのように動き、笑い、怒った。

米国は日本海軍の真珠湾攻撃の暗号解読に成功、ルーズベルトは日本を戦争に引きずり込むために公表していなかったという説もあるが、そういうタイプの人間ではなかったように思う。

ルーズベルトは真珠湾攻撃を烈火のごとく怒り、日本に復讐を宣言した。

イギリスの二隻の巨艦プリンス・オブ・ウエールズとレパルスも沈められ、首相のチャーチルも仰天した。

「私はこれほどのショックを受けたことはなかった。私はベッドの上で身もだえした。もう太平洋は日本のものになったのだ」

と驚きを隠さず、ルーズベルトとは異なり、日本に敬意を表する部分さえあった。

チャーチルは二十六歳の若さで下院議員に当選、第一次大戦では海軍大臣を務めたが作戦失敗の責任を取って辞任し、一中佐としてフランス戦線で戦った経験を持っていた。

ウェーク島攻略

真珠湾攻撃後、日本海軍は電光石火の早業で南太平洋侵攻作戦に乗り出した。

南太平洋の範囲は東西五千四百マイル、南北二千四百マイルという広大なもので、ここに点在する島々に航空基地を造り、そこから攻撃機を飛ばし、米軍の侵攻を食い止めようとした。

花見が所属する第四艦隊は、十二月十日、グアムに進攻し、無血占領して気勢を上げた。続いてウェーク島攻略作戦に向かった。

ウェーク島は日本の南鳥島から七百六十四カイリ（約千四百キロ）の距離にあり、スペインの探検家が発見、その後アメリカ海軍のウィルクス大尉率いる探検隊が、ここに立ち寄り、アメリカ合衆国の領有を主張し、明治三十二年、領土に併合した。

ほとんど無人島だったが、パンアメリカン航空がサンフランシスコ、ハワイ、グアム、マニラに通ずる定期航空路の中継基地として使用し、アメリカの海軍も航空基地として活用してきた。

この島を奪取すれば東京、硫黄島、南鳥島と南東へ延びる不沈空母が誕生することになる。

急きょ、北海道千歳《ちとせ》から陸上攻撃機三十四機が、マーシャル群島のルオットに集結、ウェーク島を三回にわたって爆撃した。

空中観測で十機ほどいたとみられる全飛行機と陸上砲台、機銃陣地を粉砕したと報告された。そこで第六水雷戦隊が陸軍の兵士を乗せ、上陸作戦を敢行した。

花見の駆逐艦朝凪はトラック島の警備を命ぜられたため参加できなかったが、軽巡夕張と、追風《おいて》、疾風《はやて》、睦月《むつき》、如月《きさらぎ》、弥生《やよい》、望月《もちづき》の六隻の駆逐艦が陸戦隊二中隊を乗せ、上陸作戦を敢行した。

十二月十一日、上陸作戦開始の朝、突如、上空に敵戦闘機一機が現われ、全員、意外な感に打たれた。報告では全機粉砕されたはずだった。

対空砲火で敵機を追い払い、水雷戦隊は島に向かって艦砲射撃を開始した。この射撃でウェーク島の燃料タンクに砲弾が命中し炎上した。しかし、今まで沈黙を守っていた敵陸上砲台が、猛烈なる反撃を開始した。

まさかの反撃だった。

疾風、如月沈没

水雷戦隊は島に接近していたため次々に被弾し、疾風は艦尾に黒煙が上がり、それが瞬時に全艦をおおい、轟音を発して爆沈した。

爆雷か魚雷が誘爆したのではないかと思われた。その直後、如月は爆撃を受け艦橋が飛ばされ、数分で逆立ちになり海中に沈んだ。

搭載の爆雷と魚雷に感度が鋭敏なカーリット系の爆薬を使用していたので、誘爆を起こした可能性があった。水雷戦隊は愕然となり、撤退を余儀なくされた。

多くの戦友を失い、花見は言葉がなかった。自分が出撃していれば同じ運命に出合ったかもしれなかった。すべて紙一重だった。

この事態に驚いた連合艦隊はハワイ攻撃より帰投中の第二航空戦隊（飛龍、蒼龍）の飛行機を投入、爆弾の雨を降らせ、徹底的に叩いた。同時に花見の朝凪も加わり荒天をついて水雷戦隊六隻で砲撃を加え、二十一日の夜、陸戦隊を満載した哨戒艇（旧二等駆逐艦）二隻を

花見の朝凪も参加した太平洋戦争緒戦のウエーク島攻略で、陸戦隊揚陸のため同島飛行場わきの海岸に強行擱座した第33号哨戒艇(手前)と第32号哨戒艇

ウェーク島に強行擱座させて、ようやく占領した。

しかし、この戦闘で重大なミスがあった。沈没した駆逐艦から日本海軍の暗号書が引き揚げられ、開戦早々、暗号を解読されてしまった。このことに日本海軍は気づかず、危機管理の不徹底さが出てしまった。

機械力の差

上陸してみると米軍は飛行場と潜水艦基地の建設を急いでいたことが判明、全員が胸をなでおろした。

しかし、米軍の飛行場建設のやり方に驚かされた。米軍がブルドーザーを使用、作業の人員は最小限度に止め、わずか三百名内外で飛行場を造ってしまうと聞き、花見は愕然とした。

日本の建設部隊は人力を主として設営隊一隊で千人を単位としており、当然飛行場と潜水艦基地の二つの作業を行なうには、最小限二隊、二千人が必要だった。

二千人の人員と衣食住に必要な物資の輸送は大変だった。それも数の足りない船舶で行なわなければならないのに対して、米国の船団は日本に比べ質、量において優れていた。

ラバウル攻撃

花見は続いてニューブリテン島ラバウル攻略に加わった。

ラバウルはかつてニューギニア地区の首都だったが、火山の噴火で市街地が破壊され、中心地はニューギニア東北岸のラエに移された。

ラバウルのシンプソン湾周辺には飛行場の適地があり、ここにラバウル航空隊がおかれることになる。

しかしアメリカも黙ってはいなかった。空母レキシントンと空母エンタープライズが戦闘に加わり、マーシャル・ギルバート両諸島への空襲をはじめた。

第四航空隊の陸上攻撃機がこれに対応したが、対艦攻撃の魚雷もなく、零戦隊もラバウルに到着しておらず、出撃した第二中隊九機が全滅、第一中隊も六機を失う大損害をだす始末だった。しかしラバウルは何とか占領することができた。

ラエ・サラモア作戦で被弾

第四艦隊はさらにラエ・サラモア作戦に従事した。ラエ・サラモアはニューギニア島のソロモン海側、マーカム川河口に面する小都市ラエとその南方五十キロに位置する小さな町だった。

ラバウルと連合軍の基地ポートモレスビーとの中間に位置し、飛行場と港湾の適地で共に連合軍の飛行場があった。

花見は駆逐艦朝凪を率いて参戦した。

陸軍はここには第四師団、第五十一師団の一部が上陸、第六飛行師団もラバウルから進出していた。

第四師団の主力は歩兵第二百三十九連隊である。栃木県と長野県出身の若者を中心に編成された部隊で中国北部に配置されていた。今回、一転、南方へ配属された。

四千人余の将兵は生い茂る密林を切り開き、道路や飛行場の建設にあたることになった。

昭和十七年三月十日、これを阻止せんとする米軍とのあいだで、五時間にわたるラエ・サラモア沖の日米決戦が行なわれた。

米空母レキシントンとヨークタウンから発進した艦載機とB17が第十五駆逐隊に襲いかかった。

花見は懸命に転舵し、機銃で応戦したが艦載機に爆弾を直撃され、あわや撃沈の危機に見舞われた。一発、二発ではない。至近弾を十数発食らい、艦に二百五十ヵ所以上の穴をあけられ、十九人が戦死、重軽傷者六十五人に及ぶ大損害をだした。

「すまぬ」

花見は爆弾で吹き飛ばされた戦死者を前にして号泣した。なぜ自分が助かったのかも分からない無我夢中《むがむちゅう》、阿鼻叫喚《あびきょうかん》の戦闘だった。

朝凪は戦闘不能となり、花見は佐世保に帰還して艦の修理を行ない、四月下旬、再びラバウルに戻った。

東京空襲

山本五十六はこの時期、首都東京の空襲を恐れていた。

真珠湾の報復のために、米海軍は必ず東京を狙って来ると踏んでいた。日本近海まで空母を忍び込ませ、爆撃機を発艦させるに違いない。

そのことを心配していた。

ハワイ攻撃の逆である。

そこで山本は本土から千三百キロ近く離れた東方の海域に監視の網を張り、敵の攻撃の前に敵空母を発見して、航空攻撃をかけようとしていた。

監視に当たったのは北海道の釧路基地をベースにした特設監視艇である。約二十隻が常時、南北に長い哨戒線を敷いていた。この体制を常時維持するには、船の整備、乗組員の休養、基地から哨戒線までの往復日数を考慮すると、約六十隻を必要とした。

敵を発見した場合、相手から攻撃されることは必至である。死を覚悟の監視だった。本来、この種の監視に当たるのは潜水艦だったが、ここに回す余裕がなかった。

山本の勘は当たった。

昭和十七年四月十八日午前八時、空母ホーネットに搭載されたドーリットル陸軍中佐が指揮する双発のB25爆撃機十六機が日本の本土まで約千三百キロの海域から発艦、日本本土の爆撃に成功した。

監視艇から急報を受けた海軍の軍令部は、木更津にいた戦闘機に発進準備を命じ、さらに第二艦隊の主力に出動を命じたが、いずれも迎撃に失敗、十三機が東京、三機が名古屋に侵入した。

山本の憂愁

山本は衝撃を受けた。

山本は考えることが山ほどあり、夜も眠れないほどだった。なんとしても米空母を叩き、東京空襲を防ぐことだった。

山本は第一弾としてラバウルを拠点に、そこからニューギニアの東南部にあるポートモレスビーを攻略し、オーストラリア北東部の米軍基地を叩こうと考えた。

同時にソロモン群島のツラギを占領して、水上機基地を設営し、珊瑚海の警戒を行なうことを決めた。

山本は作戦指揮官に第四艦隊司令長官の井上成美中将を当て、井上のもとに改造小型空母の祥鳳《しょうほう》と第五航空戦隊の瑞鶴《ずいかく》、翔鶴《しょうかく》を送った。

十七年五月六日午前八時十分、飛行艇からツラギの南方約六百カイリ、一千百キロ付近に空母一、戦艦一、巡洋艦三、駆逐艦五からなる敵艦隊が西に向かって移動していると打電があった。

第五航空戦隊は七日早朝、零戦十八機、艦上爆撃機三十六機、艦上攻撃機二十四機を発進させ、ソロモン群島の西に向かわせた。しかし空母というのは誤認で、大型油槽船だった。索敵のミスであった。

攻撃隊は油槽船と駆逐艦一隻を撃沈したにとどまり、早くも井上の目論見は大きく崩れた。

この戦闘のさなか、第六戦隊の巡洋艦衣笠《きぬがさ》の水上偵察機が、空母をふくむ敵艦隊を発見、緊急電を打ってきた。しかし第五航空戦隊は第一次攻撃隊の収容に時間がかかり、第二次攻撃隊をすぐ発艦させることができなかった。

珊瑚海海戦――祥鳳沈没

このもたつきの間に、ヨークタウンとサラトガ型空母を発進した雷撃隊と急降下爆撃隊が祥鳳に襲いかかり、七本の魚雷と爆弾十三発を命中させた。

祥鳳は火炎に包まれ、爆撃を受けて十一分後に総員退去の命令がでて、その四分後に沈没してしまった。

祥鳳は潜水母艦剣埼《つるぎざき》を改造した基準排水量一万一千トンの補助空母である。開戦後これが最初の空母沈没となり、第四艦隊にとってこれほど不名誉なことはなかった。

昭和17年5月7日、珊瑚海海戦で被弾炎上しながら奮戦中の空母祥鳳。さらなる魚雷命中で水柱が上がっている。同艦は日本の空母喪失第1号となった

ラバウル港内に仮泊中の鹿島の作戦室は皆、呆然自失、誰も電文を読み上げる者がいなかった。

井上は日記にこう記した。

此ノ時ノ4F司令部作戦室ノ情況ハ実ニ悲壮ナルモノニシテ、余ハ作戦室ノ一隅ニテ煙草ヲ吹カシ、何気ナシヲ粧《よそお》ハントスルモ凡人ノ悲シサ、笑ヒ顔ハ出来ズ。

此ノ時、「東郷大将ハ如何ニナサレシヤ」ト想ヒ出シ、努メテ平静ヲ粧ウモ煙草ハ少シモ甘《うま》クナシ。酒保《しゅほ》ノ菓子ガオイテアッタガ一ツ、ツマンデ見テモ咽喉《のど》ヲ通ラズ。

心ノ中デハ「オ前ハ偉ソウニ4F長官等ト威張ッテイルガ、オ前ハ戦ガ下手ダナァ」ト云《い》ワレテイルヨウナ気持ス。

自分ガ戦ガ下手ダト人ニ笑ワレル位ノコトハ私事ナルモ、大事ナ陛下ノ御艦《おふね》、而モ大事ナ空母ヲ最初ニ沈メタノガ自分ダト思ウト、実ニ

自責ノ念ニ耐エズ。切腹シテスムナラ易イコトナルモ、切腹シタッテ沈ンダ艦ヲ如何セン。如何ニシテモ申訳ナシ、残念ダ、不運ダトモ思ウ。

追撃に甘さ

翌五月八日朝、珊瑚海で日米機動部隊の決戦が行なわれた。

午前四時に発艦した両軍の索敵機がほぼ同時刻に相手方を発見、両軍とも攻撃機が相手の上空に向かった。

日本の攻撃隊は空母レキシントンを炎上させ、レキシントンは総員退去となり、米駆逐艦が魚雷で処分した。しかし翔鶴が被弾して大破、飛行機の着艦が不能となり、戦死百九名、重軽傷者百十数名を出す大損害を被った。

ヨークタウンにも爆弾を投じたが、手早く修理を済ませ、走り出したのは驚きだった。瑞鶴は被害が無く、日本側がやや優位の戦いだったが、井上の見切り時が早く、レキシントンが未だ炎上中に、味方機動艦隊に追撃中止を命じてしまった。このためヨークタウンを追い詰め、撃沈する機会を失った。

消極戦法

井上の消極的な戦いに、連合艦隊参謀は、

「弱虫！」

「バカヤロー」

と罵倒し、

「自己の損害を過大視して追撃を鈍り、誠に遺憾だ」

「見るに堪えない」

「実に消極的だ」

とこき下ろした。

連合艦隊参謀長宇垣纏《うがきまとめ》少将は日誌『戦藻録』に、

「第四艦隊は祥鳳一隻の損失で、敗戦思想に陥った」

と記述した。

戦場ではとっさの判断と勇気が大事だった。井上が戦場に向かないことは、山本も十分に承知していたはずだった。

真珠湾攻撃の第一航空艦隊司令長官南雲忠一中将も同じタイプだった。真珠湾攻撃の際、第三次攻撃は採用せずさっさと逃げ帰り、ホノルルの燃料タンク、艦船の修理施設は手つかずの状態だった。潜水艦の根拠地も無傷だった。

南雲は「いの一番」に帰ることを考えた。

第二航空戦隊司令官として空母飛龍に乗って参戦した山口多聞《やまぐちたもん》少将は第三次攻撃を主張したが、南雲に容れられず地団太踏んで悔しがった。

山本は適材適所の人事が不得手だった。情に流される欠点があった。花見もそのことは感じていた。

花見は昭和十七年十月、駆逐艦曙《あけぼの》艦長に転出した。

第四艦隊批判

この頃、海軍兵学校では、

「またも負けたか四艦隊」

という陰口がはやった。負けてばかりいる第四艦隊を揶揄《やゆ》したものだった。

ウェーク島攻略の不手際に加えて航空機の損失の割には戦果が乏しかったこともあり、兵学校にとどまらず連合艦隊内部には第四艦隊を批判する声がでていた。

日米戦争はすべきにあらずという井上の理論はそれなりに筋が通っていたが、第四艦隊司令長官である限り、

「負けました」

では済まされないことだった。

このころ第三航空戦隊司令官の桑原虎雄《くわばらとらお》少将が新任地赴任の挨拶のため山本長官を訪ねた。

桑原は山本と親しかったので、この戦争の見通しについて山本の意見を求めた。

すると山本はこう言った。

「いまがわが国にとって戦争終結を図るべき時機である。それには、いままでに手に入れた

ものを全部投げ出す必要があろう。しかし中央には、とてもそれだけの度胸はあるまい。結局われわれは、斬り死にするよりほかはなかろう」

「なるほど」

桑原はうなずいて、この話を聞いた。

山本は何か考えていると桑原は思った。

ミッドウェー作戦構想

海図を広げると北太平洋の真ん中にミッドウェー環礁があった。ハワイから約一千カイリ、千八百五十キロの距離にあった。

東京からだと約二千カイリ、約三千七百キロの距離である。この島を占領して航空基地を建設し、ここに零戦と爆撃機を配置すれば、ハワイの太平洋艦隊の進出を抑えられる。山本はそう考えた。あわせて米機動部隊を誘いだし、空母決戦を行ない、米海軍を南太平洋に入らせない戦略を立てた。

山本は真珠湾攻撃を手放しで喜んではいなかった。いずれ米機動部隊が反撃に転じる。そうなれば日本はじりじりと押しまくられる。東京空襲は頻発するだろう。

軍令部はミッドウェー作戦に反対したが山本は、

「ならば連合艦隊司令長官をやめる」

と啖呵《たんか》を切って臨んだ。

連合艦隊出撃

この戦争、いずれどこかの時点で終結させる必要があった。長引けば日本の国力は間違いなく低下する。

山本は日本が戦える期間はせいぜい二年と考えていた。連合艦隊が無傷なうちに停戦交渉を進める。それが最善の策だった。

そこで第一機動部隊をミッドウェー、第二機動部隊をアリューシャン列島に向かわせ、米機動部隊をおびき寄せ、日米大決戦を挑むミッドウェー作戦に踏み切った。

真珠湾攻撃の際は、厳しく情報管制をしいたが、今回は水兵までミッドウェーに出ることを知っていた。山本は真珠湾攻撃ほど情報管理を厳しくせず、どちらかと言えば緩めだった。米機動部隊をおびき寄せるには、敵にこちらの動きを察知させることも必要だった。

これをどう解釈するか。自信か過信か。はたまた山本の知らないところで、噂が流れたのか。意見の分かれるところだ。

南雲機動部隊は十七年五月二十七日午前六時、軽巡洋艦長良《ながら》を先頭に、重巡洋艦、高速戦艦、空母赤城《あかぎ》、加賀《かが》、蒼龍《そうりゅう》、飛龍《ひりゅう》の順で柱島泊地を出航、クダコ水道を抜け、伊予灘に出た。

搭載する飛行機は約二百八十機、歴戦の搭乗員を各艦に配置した。

南雲はハワイ攻撃に続いての司令長官である。消極的という批判はあったが、山本は南雲を起用した。

後方三百カイリには、戦艦大和を中心とする艦隊が続き、まさに世紀の大名行列だった。花見は残念ながら後方待機だった。

待ち受ける米艦隊

米海軍のニミッツ提督は早くから南雲機動部隊の出撃を知っていた。日本海軍の次の攻撃目標は、飛行場建設を目的とするミッドウェー島の占領作戦に違いないと想定し、ニミッツは五月二日、幕領たちと一緒にミッドウェー島に向かい、陣地構築状況を視察していた。

掩体壕《えんたいごう》、地下の指揮所、飛行機の格納庫なども点検し、ミッドウェー島に急降下爆撃機十八機、戦闘機七機、大量の高射砲を送ることを約束、総指揮官のシマード海軍中佐に、

「島を死守せよ。必要なものはすべて送る」

と伝えていた。

これと並行して米海軍情報部は南雲機動部隊の無線傍受と解析に全力を挙げていた。合わせて日本海軍の戦略概念、計画、作戦に関するあらゆる情報を収集していた。

この時、米海軍が使える空母は、エンタープライズとホーネットの二隻に過ぎない。サラトガは本国で修理中、ヨークタウンは珊瑚海海戦で損傷、ワスプは地球の反対側にいた。

これに対して日本海軍は十隻の空母を所有しており、数の比較で慢心していた。

「アメリカなどちょろい」

皆がそういう気持でいた。

このため、ミッドウェー作戦は、待ち受ける敵軍の中に不用意に突っ込んでゆく無謀な作戦となってしまった。

南雲機動部隊発見さる

六月三日、米太平洋艦隊司令部はアリューシャン方面で、異常な航空活動が行なわれていることを傍受し、南雲機動部隊の出航を察知した。

米海軍は五月二十八日朝、スプルーアンス指揮の第十六機動部隊がハワイを出港、ミッドウェーに向かった。三十一日、修理をわずか三日で終えた空母ヨークタウンも出港した。

日本海軍は全く情報をつかんでいなかった。

六月三日、ミッドウェー島から米海軍情報部に、

「主力部隊、方位二六二度、距離七〇〇カイリ、艦船一一隻、針路〇九〇度、速度一九ノット」

と南雲機動部隊の動向が伝えられた。

「日本部隊がみつかった」

ニミッツ提督が顔をほころばせた。

翌四日午前六時過ぎ、カタリナ飛行艇から、

「空母二隻と主力部隊の艦船を発見、方位三二〇度、針路一三五度、速力二五ノット、距離一八〇カイリ」

と緊急電が入った。その時、距離はわずかに百五十カイリ、約二百七十八キロに縮まっていた。米機動部隊はただちに戦闘態勢に入った。

米空母の姿なし

六月四日、南雲機動部隊はミッドウェーの予想飛行哨戒圏に突入した。南雲は即、空母の上空警戒機、ミッドウェー攻撃のための索敵機を発艦させた。

全方位に向けて飛ばした索敵機からは、敵空母なしと連絡があった。

「またもいないか」

南雲はつぶやいた。

「やむをえませんな」

参謀長の草鹿が言った。

そこで艦船攻撃用の魚雷を外し、ミッドウェー島の爆撃のため、陸上攻撃用の爆弾に積み替え、第一次攻撃隊を発艦させた。

攻撃隊はミッドウェー島の爆撃を開始した。防備が強固で、「第二次攻撃の用あり」と無電が入った。高射砲の反撃もすごかった。

その直後に異変が起こった。

突然、ブザーが鳴り、蒼龍の艦内放送が敵機来襲を告げた。

「敵雷撃機十八機、我が方に接近中」

「えッ、まさか」

艦内は異様な緊張に包まれた。雷撃機が来るということは、この周辺海上に敵空母がいることを意味するのではないか。索敵が信頼できるのか。参謀たちの判断は間違いだったのか。艦内は騒然となった。

赤城の南雲も顔面蒼白となった。

昭和17年6月6日のミッドウェー海戦で日本は空母4隻を一挙に失った。写真は炎上中の空母飛龍

日本空母全滅

早くも蒼龍の右舷方向から海面すれすれの低空で、横一線に雷撃機が接近して来た。雷撃されたら空母は一巻の終わりである。

「あああ」

皆、悲鳴を上げた。

雷撃機の後方にぴたりと追尾している零戦が見えた。上空警戒の零戦である。

零戦は背後から雷撃機に迫り、バリバリと撃ちまくると敵機は次々と海に落ちていった。近くに米機動部隊がいるのは確実だった。飛龍の山口司令官は陸用爆弾のまま攻撃隊を発進せよと意見を具申したが容れられなかった。

この場合、魚雷であろうが、爆弾であろうが、一刻も早く敵空母に向かうことが先決だった。しかし、南雲は爆弾から魚雷への積み替えを決めた。

格納庫は積み替え作業で戦場に変わった。

甲板にはミッドウェー島の攻撃から帰った飛行機の着艦も行なわれ、空母は最も危険な状態になった。そのさなかに、敵の爆撃機隊は空母上空の雲上に迫っていた。

南雲機動部隊は、米急降下爆撃隊の餌食と化し、空母四隻が沈み、百戦錬磨の搭乗員三百余人を失った。

山本の過信が招いた大失態だった。

山本が描いた和平交渉は、どこかに吹き飛んでしまった。太平洋戦争は、泥沼の戦いになってきた。

第四章　ガダルカナル

安易な発想

ラバウルの南東約六百マイルのガダルカナル島に海軍が飛行場の建設を目論んだのはミッドウェー海戦の十日後、昭和十七年六月十六日だった。

陸軍は寝耳に水。あとで知って、

「おかしなことにならねばよいが」

と危惧した。

これは海軍の焦り以外の何物でもなかった。

建設に当たったのは海軍設営隊である。ルンガ川のほとりのヤシ林を切り開いて飛行場を造った。

海軍はスチームローラー、トラクター、大量のセメントを持ち込み、千二百メートル、幅五十メートルの立派な滑走路をつくった。

日本海軍がガダルカナル島に建設した飛行場は、完成２日後の昭和17年８月７日に米軍に奪取された。占領後の８日に米空母サラトガ機が撮影した同飛行場

飛行場の維持は航空機の援護がなければ不可能である。

敵機が飛来すれば、こちらの戦闘機が飛び上がって迎撃しなければならない。空母の応援があれば、対応できるのだが、空母の姿はない。米軍機が飛来して空爆を繰り返せば、たちまち穴ぼこだらけになってしまう。

米軍の反応を全く考えない安易な建設だった。

遠すぎた飛行場

飛行場建設の発端は、昭和十七年五月上旬に行われた陸海軍協同のニューギニア、ポートモレスビー攻撃作戦だった。

この作戦を遂行するために横浜航空隊の飛行艇がソロモン諸島の中部にある小島ツラギに派遣された。

周辺海域の哨戒に当たるのは、飛行艇部隊

である。飛行艇がツラギに近いガダルカナル島西部に飛行場の適地がある事を発見、その旨を第四艦隊に報告した。

早速、第四艦隊司令部と航空戦隊の司令部が実地調査を行ない、建設を決めたのだった。飛行場の維持管理を知らない第四艦隊井上長官の安易な決定がとんでもない事態を引き起こす。

ガダルカナル島は、基地航空部隊の拠点があるラバウルから約五百六十カイリ、千四十キロの遠距離にあった。とてもラバウル航空隊がカバーできる距離ではない。加えて連合艦隊はミッドウェーで正規空母四隻と多数の航空機を失っており、空母を出せない状況にあった。

この判断が陸海軍の足を大きく引っ張ることになる。

米軍大反撃

米軍はガダルカナルの飛行場建設に脅威を感じ、即座に大反撃に転じた。

八月七日、空母三、戦艦一、巡洋艦十一、駆逐艦三十五、輸送船三十三隻という大艦隊でガダルカナル島に押し寄せた。上陸軍はバンデグリフト少将率いる一万二千の海兵第一師団である。なんと六十隻の艦隊がガダルカナル西方に一万二千人の海兵隊を上陸させた。日本守備兵はわずかに二千三百人である。たちまち飛行場を占領され、日本軍はジャン

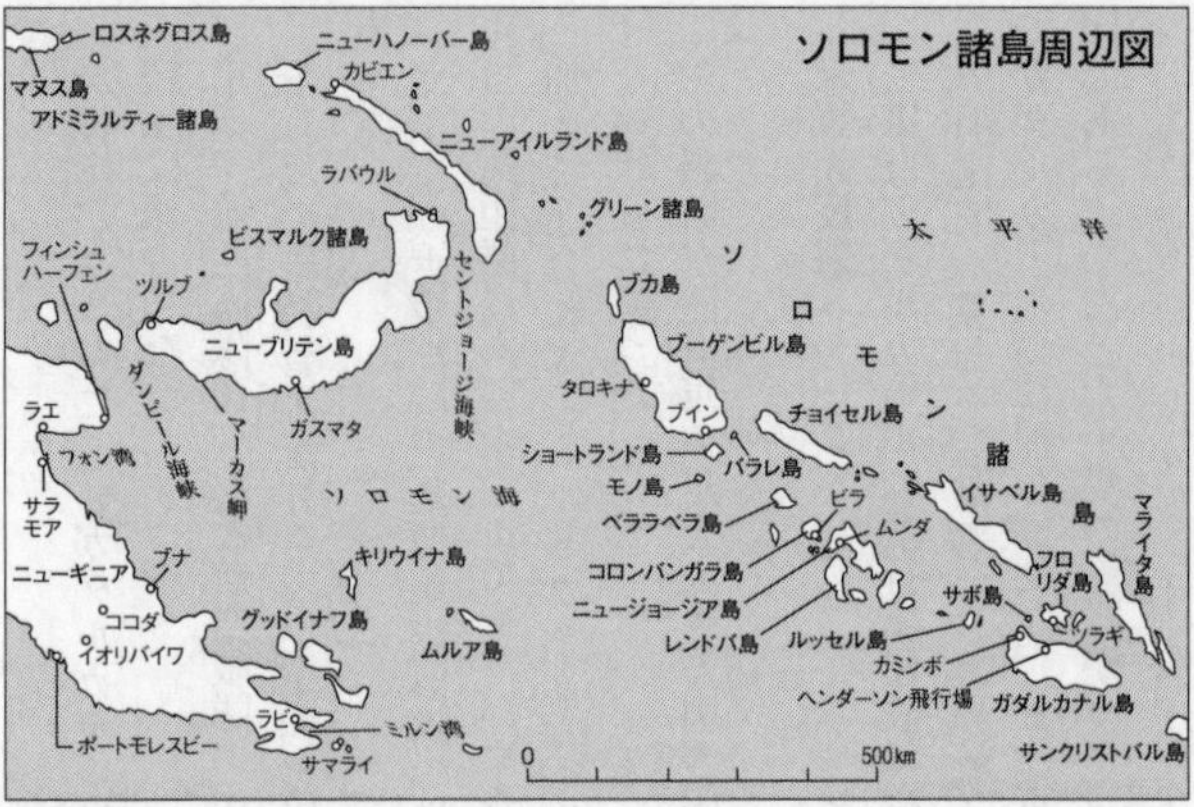

グルに逃げ込むしかなかった。

第四艦隊は陸上攻撃機二十七機、艦上爆撃機九機、零戦十七機で爆撃したが、艦載機と対空砲火で陸攻、艦爆五機、零戦二機が撃墜された。駆逐艦一隻を大破させたに過ぎず、作戦は失敗した。

日本軍はその後も繰り返し爆撃を加え、三川艦隊がガダルカナル島の北岸沖にあるサボ島沖での第一次ソロモン海戦で米巡洋艦三隻、豪巡洋艦一隻を撃沈し、勝利を収めたが、最終的に占領するのは陸軍である。

一木支隊投入

陸軍は海軍の要請で歩兵第二十七連隊を主力とする一木《いちき》清直《きよなお》大佐率いる一木《いちき》支隊先遣隊四個中隊約九百人を駆逐艦六隻に分乗させて、ガダルカナル島に向かわせた。

一木支隊は北海道旭川の第七師団の歩兵二十

八連隊である。ミッドウェー作戦で動員され、南雲機動部隊が惨敗したためグアムに移動、旭川に帰る途中、ストップがかかり、ガダルカナル島に投入された。とんだ貧乏くじだった。

一木支隊はガダルカナル島のタイポ岬に上陸し、ルンガ飛行場の東方を流れるイル川まで進出した。しかし弾薬は最小限しか持って行かず、火力装備もきわめて貧弱だったので、たちまち身動きがつかなくなった。

夜襲で全滅

一木支隊は必勝を期して米第二大隊に夜襲をかけた。日が落ちて間もなくのことだった。

「突撃ッ」

という叫び声がジャングルにこだました。日本軍兵士は味方の屍を超えて何度も突撃を繰り返したが、結局、八百人の戦死者を出して全滅した。

ガ島奪還の一木支隊を指揮した一木清直大佐

米軍の迫撃砲による砲火は苛烈を極め、日本軍の反撃は渡河に成功したわずかな兵の軽機や手榴弾による攻撃にとどまった。

一部の将校は一旦後退することを具申したが、一木大佐は攻撃の続行を命じた。一木大佐は気性の激しい人で、責任感も強く拳銃で自決した。（戦死したとの説もある）

川口支隊上陸

続いて第十八師団所属の川口清健《かわぐちきよたけ》少将率いる川口支隊である。

川口支隊は、一木支隊の第二師団と共に九月七日までにガダルカナルに上陸した。

六十隻の小型舟艇に分乗し、島づたいにガダルカナルに向かった別働隊約千人は、空襲や故障で分散状態になり本隊とは飛行場を挟んで反対側にたどり着いてしまった。

駆逐艦を使った本隊もアメリカ軍の空襲のため、重火器は高射砲二門、野砲四門、山砲六門、速射砲十四門しか揚陸できなかった。

出動したのは第二十四駆逐隊で、海風《うみかぜ》、江風《かわかぜ》、磯風《いそかぜ》の三隻で、ガダルカナルのタイポ岬に向かったが、燃料不足のため低速で走っているところを空爆され朝霧《あさぎり》が沈没、夕霧《ゆうぎり》、白雲《しらくも》も被弾し、多数の怪我人をだした。

川口支隊は、一木支隊の戦訓から正面攻撃を避けるべくヘンダーソン飛行場の背後に迂回してジャングルから飛行場を攻撃することを試みた。しかし、地図の準備はなく、険しい山岳地形の密林に進撃路を切り開くために各大隊の工兵部隊は通常装備を捨てて、つるはしとスコップによる人海戦術であった。作業により兵は疲労困憊し、戦える状態ではなかった。

粗末な地図

援軍にはガリ版刷りの貧弱な一枚の地図があるだけだった。この部隊に共同通信記者の佐藤敬之がいた。

飛行場を目指したが、応援部隊は方角がわからない。ジャングルはまっ暗やみである。

そのやみを引き裂くように米軍の迫撃砲弾がすさまじい勢いで落下していた。ヒーン、ヒュルヒュルという気味悪い音をきいた、と思うまもなく、ドカーンという爆発音がジャングルをゆるがせ、その絶え間ない音は恐怖だった。

前方から一木支隊の兵が引き上げて来た。大けがをしている。

「薬はないのか」

「軍医も看護兵もみんなやられました」

その兵隊は、銃身で身体をささえながら元気なく言った。

佐藤記者がもち合わせた薬品を傷口に塗って包帯を巻いてやった。

川口支隊を率いガ島に上陸した川口清健少将

米軍機は飛行場を飛び立っては、日本軍を狙ってきた。日本軍がいるとみれば、容赦なく銃撃を加え、少しでも煙をみつけると、アブのようなグラマン機が頭上に飛んできた。炊事はほとんどできなかった。

日本軍の参謀は米軍が持つ重火器、補給能力、レーダーによる探知能力、陸海軍の連携、強力な航空兵力などについて知識がなく、夜襲攻撃を加えれば米軍を一掃できると判断していた。

制空権を失う

航空機の損失も大きかった。

出動した第一航空艦隊は米機動部隊との戦闘（第二次ソロモン海戦）で空母龍驤《りゅうじょう》と航空機五十九機を失い、制空権と制海権を失った。

にもかかわらず日本軍はガダルカナルに第二師団、第三十八師団を送り込みジャングルでの持久戦に出た。

しかし、増援部隊や補給物資輸送支援のためガダルカナル飛行場砲撃にあたった戦艦比《ひ》叡《えい》と霧島《きりしま》、重巡洋艦衣笠《きぬがさ》を失い（第三次ソロモン海戦）、十二月三十一日、ついに奪還を断念した。食糧の補給はなく、残された兵士は飢餓に苦しみ、命を落としていった。

日本軍と米軍の物量の差は歴然としていた。米軍は毎日、輸送船が三、四隻入港し、武器弾薬、食糧を運び入れていたが、こちらは、月明かりの夜、駆逐艦が忍び寄り、物資を下ろして十五分だけ停泊して急いで帰った。

ネズミの侵入だった。

米魚雷艇隊は、ネズミを捕る猫のように「東京急行」（米軍の呼称）を待ち伏せ攻撃した。

その後は戦局の進展と共に、駆逐艦によるネズミ輸送も困難さを加えた。物資を詰めた缶を数珠繋ぎにして駆逐艦より放出、小舟艇を降ろし、缶を繋いだロープを上陸部隊に渡し、陸から海上に浮かぶ缶を手探りでたぐり寄せるという輸送方法に切り替えられた。

制空権を失いガ島への補給に苦しんだ日本軍は、高速の駆逐艦を輸送に投入、米軍はこれを「東京急行」と呼んだ。写真はソロモン海を行く日本駆逐艦部隊

食糧輸送の時には、潜水艦から食糧を入れたゴム袋を、潜航状態のまま発射管から射出する方法もとられた。

こうした姑息《こそく》な輸送手段では、兵器、弾薬や二万人の大軍を養う食糧の補給もまったく不可能だった。

地獄のアウステン山

日本兵がこもる山岳に対する米軍の攻撃はさらに厳しさを増し、玉砕は時間の問題となった。アウステン山を守る歩兵第百二十四連隊旗手小尾靖夫少尉の日記に、地獄の光景が次のように記述されている。（『戦史叢書』南太平洋陸軍作戦2参照）

けさもまた数名が昇天する。ゴロゴロ転がっている屍体にハエがぶんぶんたかっている。

どうやらおれたちは人間の肉体の限界まで

来たらしい。生き残ったものは全員顔が土色で、頭の毛は赤子のウブ毛のように薄くぼやぼやになってきた。

黒髪がウブ毛に、いつ変ったのだろう。体内にはもうウブ毛しか生へる力が、養分がなくなったらしい。

やせる型の人間は骨までやせ、肥る型の人間はブヨブヨにふくらむだけ。歯でさえも金冠や充塡物がはずれてしまったのを見ると、ボロボロに腐ってきたらしい。歯も生きていることをはじめて知った。

このころ、アウステン山に不思議な生命判断が流行り出した。

限界に近づいた肉体の生命の日数を統計の結果から、次のようにわけた。この非科学的であり、非人道的である生命判断は、けっして、はづれなかった。

立つことのできる人間の寿命は三十日間

身体を起して坐れる人間は三週間

寝たきり起きれない人間は一週間

寝たまま小便をするものは三日間

ものいわなくなったものは二日間

またたきしなくなったものは明日

ああ、人生わずか五十年ということばがあるのに、おれはとしわずかに二二歳で終るのであらうか。

〈乾パン二粒〉

生き残りの将兵全員に、最後の食糧が分配された。

乾パン二粒と、コンペイ糖一粒だけ。

全員、北方を望んで祖国の空をあおぎながら拝んでたべた。

敵の作業兵が、歩兵に掩護されながら、おれたちの陣地を四方から取りかこんでグルグル巻きに障碍物を張りめぐらしている。防禦しているものを、さらに防禦する不思議な戦法が米軍にあるらしい。動けもしない守備兵を、それほどこわいのであろうか。

アウステン山の守兵は腐木のように動かない。屍体は足の踏み場もない。生きているものと、死んでいるものと、それから腐ったものと、白骨になったものが枕を並べて寝たまま動かないのだ。不思議に屍臭さえにおわない。おれ自身腐臭ぷんぷんとしているのであろうから。

行動の規範

極限のなかで兵士は、何をささえに生き続けたのか。

朝から晩まで敵の飛行機が飛んでくるので、命令する者も受ける者も壕の中へ入って頭だけ出して行なっていた。飛行機がくると頭を引っこめる。壕がない時はジャングルの樹の根元など、少しの陰でも利用して身を伏せて聞く。そんな状況でも、いつも天皇のお言葉が伝えられた。

「天皇陛下におかせられては」

と副官が読み上げる。

副官は嗚咽し、将校も下士官もジャングルの樹にひれ伏して泣いた。天皇が持つインパクトの強さは、米兵には理解できないものだった。しかし突撃して死ぬとき、叫ぶのは母や妻の名前だった。弾薬も食糧も切れた。

もはや撤退しかなかった。

神重徳《かみしげのり》第八艦隊参謀は、海軍の航空は士官以下素質の低下、実に著しい。飛行機は出来て逐次第一線に補給されてきたが、人員の方は下手くそばかりで夜間飛べるものは極めて少なく、戦技も下手だ。

このままでは唯潰れるだけ。敵には少しも痛い目に合わすことは出来ないと報告した。

駆逐艦の方も士気沮喪《そそう》、艦長以下士官、下士官まで配置を換えなければ、使いものにならない。残念だが、一時態勢を整えるしかないと撤退を唱えた。

撤退命令

昭和十八年一月、やっと全軍に撤退命令が出た。しかし、飢餓と病でジャングルから浜辺の集合地点まで歩けぬ兵が続出。何人もの指揮官が拳銃で自決、歩けぬ兵とともにジャングルの露と消えた。

戦史叢書によると、ガダルカナルに動員された兵は三万一千四百人、戦死五千ないし六千人、戦病死一万五千人。三分の二が命を落とした。

他の資料によると、海軍は二十四隻の艦艇と九百の航空機、二千四百人の搭乗員を失い、陸軍は総兵力四万、戦死一万四千四百五十人、病死四千三百人、行方不明二千三百五十人の人的損害を出したと、越智春海著『ガダルカナル決戦記』（光人社NF文庫）にあった。

花見もガ島作戦に加わったが、敵の空爆から逃れることで精いっぱいだった。

陽炎航海長の証言

『高松宮日記』（中央公論社）の第五巻の付録に、ガダルカナルに参戦した駆逐艦陽炎《かげろう》の航海長市来《いちき》俊男《としお》元海軍大尉の証言がある。以下はその要旨である。

駆逐艦陽炎の所属する第十八駆逐隊は、占領直後のキスカ島へ物資を運ぶ輸送船の護衛を命ぜられた。

先行した駆逐艦霰《あられ》、霞《かすみ》、不知火《しらぬい》は、昭和十七年七月五日朝キスカに到着直後、米潜水艦の魚雷攻撃をうけ、霰、霞は沈没、不知火は大破し航行不能となり、多くの戦死傷者を出した。

開戦以来一緒に戦ってきた僚艦を一挙に失い、ただ一隻だけとり残されたことは、好運とはいえ痛恨の思いであった。

八月八日横須賀に入港してゆっくりと憩う間もなく、一路トラック島に向けて南下した。

〈戦艦沈没〉

八月十五日、トラック島に着くと、夕刻には陸軍一木清直支隊長以下九百名の陸兵が、六隻の駆逐艦嵐、萩風、浦風、谷風、浜風、陽炎に分乗してきた。

一木支隊の装備は歩兵砲、迫撃砲程度で白兵突撃を本領とし、士気はきわめて旺盛であった。

幹部は現役の陸軍士官学校出身者が多く、陽炎に乗艦してきた先任者は、

「われわれが上陸したらガダルカナルはすぐ取り返しますよ。大急ぎで行かないと敵は逃げてしまう」

と言った。しかし一木支隊、川口支隊、第二師団ともに米軍機の銃撃、堅固な防御施設、ジャングルの中の険しい山道などに阻まれ、いずれも失敗に帰した。

大本営は新たに第三十八師団の有力な兵力を十一隻の高速輸送船団でガダルカナル島に輸送した。

一万四千名の将兵と重火器を満載した船団は、四列になってガダルカナル島を目指し中央航路を進撃した。

十二日夜、ガダルカナル島海面に進入すると、いきなりアメリカ艦隊の待ち伏せに遭い、

戦艦比叡は操舵機械室に敵弾をうけ、翌日沈没した。これで突入は延期された。

〈爆撃機来襲〉

十一月十四日の朝、船団は、ふたたびガダルカナル島をめざした。

日の出間もなく、すると島に接近すると敵の小型爆撃機が来襲し、輸送船に向かって

つぎつぎに急降下し爆弾を落とした。

積んであった弾薬が誘爆して物凄い勢いで炎が広がり、一面、火の海となって、次第

に甲板上の積荷に燃え移り、やがて船橋も火に包まれ、六隻が沈没した。

日本海軍は軍艦との一騎討ちを望んだが、米海軍は日本の輸送船を徹底的に叩き、ガダ

ルカナルに上陸した日本兵を餓死させた。

どちらが合理的かは一目瞭然だった。

ガダルカナルの攻防で、日本海軍の戦力は著しく低下した。

ミッドウェー海戦に続くガダルカナルの惨敗で、日本海軍は、大きなダメージを受けた。

零戦に替わる戦闘機の開発も遅れていたし、輸送船をどう守るかの護衛体制も全く不備

だった。

国力の差が決定的だった。

空母に例をとってみれば、ガダルカナル攻防戦が終わった段階で、日米の正規空母は、

二隻ずつだったが、昭和十八年末までに、米軍は正規空母七隻を就役させ、新造の軽空母を合わせて優に十数隻の大機動部隊を編成するに至った。

これに対し、日本海軍では昭和十九年に入って大鳳《たいほう》が竣工しただけだった。

無謀な作戦

元来、ガダルカナル島奪回作戦の焦点は航空撃滅戦の成否にあり、制空、制海権を確保して初めて奪回が可能であった。

米国には陸海軍の統合幕僚会議があり、さらには最高指導者である大統領が陸海軍の主張に対して適切な指示を下したのに対し、日本は陸海軍に統一性がなく、相手兵力の分析もひどく甘かった。

ガダルカナル島を餓島にした責任は後方の司令部、大本営にあった。第四艦隊司令長官井上中将の責任も大きかった。

ガダルカナル戦を検証した第二航空戦隊参謀を務めた奥宮正武は、

「輸送、兵器、すべての面で国力の不足」

と語った。

奥宮は晩年、PHP研究所顧問を務め『大東亜戦争と日本人』『ミッドウェー』『機動部隊』『ラバウル航空隊』『真実の太平洋戦争』など多数の作品を著した。

第五章　ラバウル海軍航空隊

一大軍事基地

ガダルカナルを撤退した日本軍はニューブリテン島のラバウルに陸海軍共同の前線基地を設け、米軍の侵攻を止めようとしていた。

東京から南へ六千キロ。赤道を越えてニューギニアに近い小島で、その島の最大の町がラバウルだった。

ここは第一次世界大戦までドイツの統治下にあったが、オーストラリア軍が占領、オーストラリア統治となった。

それを日本が占領した島だった。

花見は、この時期、空母の護衛にあたり、横須賀―トラック間を大鷹《たいよう》、雲鷹《うんよう》を護衛して二回往復した。

また、ラバウルに向かう雲鷹を護衛し、シンガポール方面の輸送にも従事した。

陸軍は今村均《いまむらひとし》大将率いる第八方面軍がいた。兵二十万人。飛行兵団を持つ大軍団だった。海軍は南東方面艦隊の草鹿任一《くさかじんいち》中将以下、第十一航空艦隊がいた。港には戦艦大和、武蔵を中心に巡洋艦、駆逐艦が常時二十数隻碇泊、三つの飛行場を持っていた。

花見の指揮する駆逐艦朝凪はここに配属され、来るべき米艦隊との決戦に備えていた。

ラバウルでの花見は一刻も艦を離れず、上陸することなく、日々、戦闘訓練に明け暮れた。

全員が機敏に対応しなければ、空爆をふせぎきれないことは明白だった。全員が緊張を持続し、敵機を見張り、機銃を放ち、右、左と俊敏に艦を操ることだった。

昭和十七年十月、花見は駆逐艦曙の艦長に転じ、母艦の護衛に従事した。

運命の天霧艦長に転じたのは、十八年五月だった。

当時、ラバウル方面の戦局は、一時小康状態を保っており、花見は天霧の船体、兵器、機関の点検修理を行ない、乗員も疲れ気味だったので、休養を取らせた。

開隊

ここに海軍航空隊が置かれたのは昭和十七年一月三十一日である。

千歳航空隊の九六式艦上戦闘機十六機が空母瑞鶴、翔鶴に分乗し、ラバウルに到着した。これが名高いラバウル海軍航空隊（ラバウルを拠点に活動した航空部隊を総称する俗称）の誕生となった。

ラバウル海軍航空隊については、第二航空戦隊参謀としてガダルカナル作戦、南太平洋作戦、ガダルカナル撤収作戦、中部ソロモン作戦に携わった奥宮正武の『ラバウル海軍航空隊』（朝日ソノラマ）に詳しい。

この時期、ラバウル海軍航空隊の敵は、ニューギニア方面にいた米陸軍機とオーストラリア空軍機だった。

連合軍の戦闘機はP39、爆撃機はB25、B26、B17などで、ポートモレスビー基地から飛来した。

十七年七月頃から米陸軍は双胴のロッキードP38を飛ばしてきた。零戦はこれら多彩な敵機を相手に縦横無尽に活躍したが、補給が十分でなく、新型の軍用機が進出するに及んで、日本軍は劣勢に追い込まれた。

B17、B24は四発の爆撃機でその長大な航続力と強力な防御力で、海上といわず陸上といわず、昼夜を分かたず飛び回り、威力を発揮し、日本軍は海上であれ、陸上であれ、その被害は甚大だった。

出撃

ラバウルの海軍航空隊は、ガダルカナルに米軍が上陸した昭和十七年八月七日、戦爆連合で反撃を開始した。

八月三十日には陸軍の川口支隊のガダルカナル上陸に合わせ、ブカから零戦隊十八機が午前九時四十五分、ガダルカナル島上空に突入した。

ラバウル名物の火山、花吹山を背景に列線をしく零戦隊。ラバウルに配備され、ソロモン、ニューギニアを翼下にした航空部隊は「ラバウル航空隊」と呼ばれた

敵戦闘機二十六機と交戦し、十二機以上を撃墜したと報告があったが、不明の部分も多かった。飛行機隊指揮官新郷英城大尉は被弾のためガダルカナル島に不時着、のち帰還したが四機が自爆し、三機が未帰還となった。

被弾したが落下傘で脱出せず地上・海上に突入した飛行機を自爆と数えた。

三十一日には、駆逐艦八隻で輸送された陸兵千二百名がガダルカナル島に上陸することになっていた。このため空母の零戦十三機と台南航空隊の八機が早朝ラバウルを発進したが、天候不良のため途中から引き返した。

九月二日、空母の零戦十五機は台南航空隊の七機とともに、陸攻十八機を援護してガダルカナル島上空に進攻し、零戦隊は敵機七機と空戦し、二機を撃墜したが、台南航空隊の二機が未帰還となった。陸攻隊は地上にあった十数機を撃破したと報告した。

陸攻隊には被害はなかったが、この日、第一航空隊（司令井上左馬二大佐）の零戦十二機がラバウルに新たに進出してきたので、空母機は原隊に復帰することになり、九月四日、稼働の全機が、それぞれ所属する空母に収容された。

母艦機

海軍航空隊の中で最も優秀な搭乗員は、空母に配置された隊員だった。

確かにその通りだった。飛行場から飛び立つ飛行機は、滑走距離も長いし、大地震でもない限り、地面が揺れることはなかった。しかし空母は甲板が狭いうえ、上下左右に揺れる。風波が強い日は命がけだった。

着艦するときは、海上から小さな点を探し出し、勇気をもって空母に接近し、気合を入れて着艦しなければならなかった。見ている方もハラハラドキドキだった。

このため搭乗員は海軍航空隊の虎の子であり、海軍首脳部は、陸上の戦闘で艦載機を使いたくなかった。しかし零戦が決定的に不足し、艦載機を出すはめに陥った。

国内の戦闘機の生産は材料不足で極端に落ち、昭和十七年後半における零戦の生産数は八月が百六機、九月が百三十九機、十月が百五十三機、十一月が百六十六機、十二月が百七十七機とわずかで、拡大する戦局にとても対応できる数字ではなかった。

また、搭乗員の訓練もままならず、十分に飛べない搭乗員が送られてきて、戦争継続に赤信号がともり始めた。

記者クラブ

ラバウルには報道班クラブがあり、報道各社の記者やカメラマン、ニュースの撮影班が来ていた。後日、花見もここで取材を受けることになる。

報道班の宿舎は海軍の陸上部隊の第八根拠地隊司令部の広い芝生に建てられていた。高床の家屋で二つの階段をのぼって部屋に入ると、薄暗い七、八十畳あまりの床の上に、二十数個のキャンバスベッドが勝手気ままの方向に並べられており、そのベッドの周囲には、報道各社の社旗をむすんだリュックが無造作に投げだしてあった。

窓ぎわには、各社別のデスクがずらりとならんでおり、窓の外は、細い空地をへだてて有刺鉄線がはりめぐらされていた。

そこには、三十人近くの報道班員が詰めていた。締切りまぎわになると、各社テンヤワンヤの騒ぎであった。

それが終わると、出撃したままもどらぬ零戦に、

「あいつも戦死したか」

「いや近くの島に不時着しているかもしれぬ」

と、思いをはせるのだった。

唯一の料亭

その重苦しさを払いのけるように、時々、唯一の料亭、山の家で宴会が開かれた。内地から送られてきた女性も何人かいて、酒もビールもふんだんにあり、命を張って仕事をしているせいもあってか酔いが回り、座が乱れるのも早かった。

そのさなかに突然、空襲を知らせるサイレンがけたたましく鳴りひびき、宴会が吹き飛ぶことがよくあった。

記者たちは、防空壕にかけこむのだが、三十名もはいれば一杯になる貧弱なもので、やがて爆弾が投下され、艦船から機銃や高角砲が発射され、サーッと砂をまき落とす音に似た爆弾の降下音には命が縮む思いだった。

空襲が終わり、外に飛び出すと、華僑の町が吹き飛び、民間人がおしつぶされた家具や木材の下敷きになり命をおとしていた。

家族は気が狂ったように泣きわめいているのが、いつもの光景だった。

「戦争はいやだな」

それが記者の本音だった。

ムンダ基地

この頃、日本軍は、ブインとガダルカナル島の中間にある島々に陸上飛行場の建設を進めていた。

その一つにニュージョージア島の北西部にあるムンダ基地があった。

基地の造成は陸軍が担当、設営に台湾の高砂族が多く動員された。酷暑の土地に慣熟していたためだった。

十二月中旬には戦闘機一個戦隊程度の使用がほぼ可能となる飛行場が完成した。人力で造ったために貧弱そのものの飛行場だった。長さは千メートル、幅四十メートルで、戦闘機を隠す掩体壕三十個があったが、対空火器はゼロ、管制塔など航空基地らしい施設は無いに等しかった。

その上、飛行指揮所からの視界が付近の樹木と周囲の山々に妨げられ、敵機の見張り能力も著しく小さかった。そこにまず、海軍の零戦隊が派遣された。

第二五二航空隊

ここに派遣されたのは、内地からラバウルに派遣されたばかりの周防元成大尉の指揮する第二五二航空隊の零戦隊二十四機だった。

第一陣十五機は十二月二十三日、ラバウルから直接ムンダまで飛んだ。ところが飛行機隊の着陸時、零戦隊の到着を嗅ぎつけた敵の小型機約二十機とB17五機が来襲して、銃爆撃を加えてきた。

地上には対空火器がない。空中戦となり、敵機十四機（内不確実六機）を撃墜したが、零戦隊も一機が自爆し、一機が未帰還となった。

敵機の奇襲を避けるために飛行機をあげて空中哨戒していると、敵機は奇妙に寄り付かなかった。燃料がなくなって着陸しようとすると、どこか周辺の飛行場から現われて飛行場を攻撃してきた。

休憩所に吊るしてある飛行服の上衣が敵の機銃弾で撃ち抜かれ、肝を冷やす場面もあった。たくわえのガソリンが非常に少なく、燃料を多く消費する空中哨戒をすることには限度があった。

ひどい宿舎

米軍は飛行場を造る時、宿舎にはエアコンが入り、食事も豊富でアイスクリームからチョコレートまであったが、日本軍の宿舎の食事は実にひどいものだった。

天幕生活は致し方ないとしても、蚊やハエが群がるので、簡易ベッドには終日蚊帳を吊っておかねばならなかった。

ハエが所かまわず卵を産み付けるからであった。卵は数時間後には驚くほど大きなハエになるので、もし蚊帳がなかったら、ベッドはたちまちハエの大群に占領され、とても安眠などできなかった。

また血を吸う小さな赤い虫がいて、ゲートルをつけておかないと飛行服の下に忍び込んで血を吸うので、痒くてたまらなかった。

炊事にも苦労した。

飛行場付近で炊事をすると、その煙を見つけて敵機が攻撃してくるので、やむをえず飛行場から遠く離れたところでご飯を炊き、それを握り飯にして運んでくるのだが、それを食べようとすると、たちまちハエが真っ黒になるほど群がるので、握り飯を持った手を左右に振り動かしながら素早く口に入れるしかなかった。

おかずは瓶詰めの黒い海苔の佃煮だけ。ムンダ滞在中はそればかり食べさせられたので、戦争が終わったあとでも、海苔の佃煮を見ると搭乗員たちは吐き気を催すほどだった。

狭い防空壕

防空壕はほとんどが一人だけ入れる蛸壺式のものだった。ある時、周防大尉が地下壕に飛び込んだら、大きなとかげが頑張っていて、鋭くこちらを睨みつけていたので、爆弾のことも忘れて、たじろいだこともあった。

敵機の空襲があるたびに感心したことは、高砂族の人々だった。彼らは、飛行靴をはいていても入れそうにない雑木の林の中に、裸足のままで平気で飛び込んで、敵の爆弾や機銃弾を避けていた。

昭和十七年十二月二十四日には敵小型機延べ約五十機の攻撃を受けて自爆二機、地上における被弾十一機を出し、二十六日にも地上で五機が使用不能となり、周防隊の残存機が三機となり、ラバウルに引き揚げざるをえなかった。

結局、飛行場は米軍に奪われてしまった。

偵察機からの報告によると、米軍は飛行場を占領すると同時に、地面が真っ白になるほどDDT（殺虫剤）を散布したことが分かった。

米軍の操縦士は蚊、ハエ、その他の害虫にわざわいされることなく飛行に専念できたのだった。日本海軍航空隊は、戦う前に敗れていたといっても過言ではなかった。

ラエ基地

パプアニューギニア第二の都市ラエにも前線基地があった。

ラバウルの記者たちは、機会があれば前線基地に出かけて、攻撃機に同乗させてもらって撮影をしたりしていた。

ここには撃墜王と言われた海軍航空隊のエースパイロット坂井《さかい》三郎《さぶろう》がおり、話を聞くことを楽しみにしていた。

坂井は佐賀の農家に生まれた。伯父が東京にいたので青山学院中等部に入学したが肌が合わない。中退して海軍にはいり、戦艦霧島《きりしま》、榛名《はるな》の砲手を経て、昭和十二年に霞ヶ浦海軍航空隊操縦練習生となり、零戦のパイロットとなった。

昭和十三年以来、九六艦戦、零戦を操って二百回以上の空戦で、敵機六十四機を撃墜したエースである。

しかし、その坂井がガダルカナルの空戦で負傷し、帰国してからは、

「奴が食われた」

「あいつも死んだ」

昭和17年6月9日、ラエ基地で零戦をバックに撮影された、台南海軍航空隊の搭乗員たち。後列左端はエースの坂井三郎一飛曹、3人目が報道班員の吉田一

と暗い話ばかりで、ベッドが徐々にがら空きになっていった。

まったくおかしな話だが、日本海軍の上層部は搭乗員に冷たかった。搭乗員を養成するには、長い年月と莫大な国家予算を投入しなければならない。にもかかわらず、搭乗員は消耗品扱いだった。

戦場で飛行機が故障したり、被弾した場合、半ば自爆を強要し、救助など一切なく、敵に投降することは、あってはならないこととされた。

人命を大事にする米軍とは大違いだった。日本の飛行機は防御は無視され、被弾すると、すぐに火達磨《ひだるま》になった。

零戦記者

ラバウルの報道班員（日本映画社）だったカメラマンの吉田一《よしだはじめ》は戦後、『サムライ零戦記者』（光人社NF文庫）を書いた。

名前の〝一《はじめ》〟をもじった〝ピンさん〟という愛称で搭乗員や同僚に親しまれていた吉田は、台南空のエース坂井三郎と深く付き合い、著書の巻頭には坂井が挨拶を書いていた。

「当時、ラバウルの前進基地ラエでは、連日、激しい戦いがつづき、整備員たちは、『ラエだ、男の行くところ』と歌にまで歌って、はじめてラエに進出するときには、そうとうの覚悟をきめて出てきていた。そのラエへ、ある日、〝ピンさん〟が特別志願して、ひょっこりやってきた」

「ある日のことであった。敵襲があって零戦隊が緊急離陸した。整備員や地上員たちは大急ぎで防空壕へとびこみはじめたが、〝ピンさん〟は、まだ上昇してゆく零戦を、アイモ（注・三十五ミリ映画用カメラ）で追っていた。

私（注・坂井）は、この日、不覚にものりおくれて地上に残っていた。上空を見ると、敵機の大きなつばさが、すでに飛行場の上空にかぶさりはじめている。だが、〝ピンさん〟は、泰然自若として鋭い目でアイモをふりまわしているではないか。

『あぶないっ！　ピンさんっ！』

私はそう叫びながら、〝ピンさん〟のシャツをつかんで、防空壕のほうへ引っぱってこようとした。すると、〝ピンさん〟は、激しい調子で、まくしたてた。

『先任搭乗員！　これが私の任務です。ほっといてください。あんたたちが、空中戦で戦うのも私がアイモで写真を撮るのも、同じなんです。ここで死んだら、本望です』

だが、私は、うむをいわせずに引っぱってきた。私がそうしなかったら〝ピンさん〟は、あの荒れ果てたラエで、アイモ片手に敵弾に射ちぬかれていただろう」

坂井が惚れ込んだ記者、それが吉田一だった。

花見も零戦の搭乗員と若干の付き合いがあった。海軍兵学校の同期生にも飛行科を選んだ学生も結構多かった。

飛行科は出世が早かったが、犠牲者は多く、何人もが命を落としていた。

奥宮の指摘

第二航空戦隊参謀の奥宮正武は飛行科の出身だったので、現場の苦労を見るに見かね、機会あるごとに上層部に厳しい注文を付け続けた。

開戦直後のごく短期間を除いては、飛行機の定数を大きく下回り、所要の熟練搭乗員の補充もできない状況に追い込まれた。

旧式の九六式艦上戦闘機の操縦しか経験がない操縦者が配されてくるようになった。零戦の経験がまったくないのである。

このため戦闘機隊の幹部や、古参の下士官兵搭乗員が、戦闘の合間に零戦のいろはから教えなければならなかった。

いつ敵機が来襲するかも知れない最前線の基地で、吹き流しを曳航して射撃訓練をさせるようなことは出来るはずもなく、もはやすべてが絶望的な状況になっていた。

彼らは未熟な技量のまま戦場にでるので、すぐ撃墜されたり、行方不明になり、戻らなかった。

母艦航空隊はもっと深刻だった。何機もの飛行機が海に落ちた。

天下無敵の日本海軍も、開戦一年で、いたるところでひずみが噴出、米軍との差は広がる一方だった。

山本五十六の死

昭和十八年（一九四三）四月三日、山本五十六連合艦隊司令長官は宇垣纒参謀長とともに飛行艇で、トラックからラバウルに入った。

山本は四月十八日午前八時、宇垣参謀長ら幕僚と一式陸攻二機に分乗、戦闘機六機に護衛され、前線の搭乗員を励ますためにバラレ基地に向かった。

午前九時三十四分、山本機はブイン飛行場の間近で敵機の待ち伏せ攻撃に遭い、撃墜された。ドーリットル東京空襲から、ちょうど一年目のことだった。

山本機はジャングルに墜落、一条の黒煙があがった。宇垣参謀長の二番機はモイラ岬沖の海中に突入し、宇垣参謀長は重傷を負ったが、命は取り留めた。

二十日、ラバウルからかけつけた捜索隊が、長官以下の遺体をブイン基地に収容した。

山本機が待ち伏せられたのは暗号解読によるものだった。

山本の死は五月二十一日に公表され、全国民に衝撃を与えた。二十三日、遺骨が水交社に安置されると、続々つめかける弔問の市民は二十万人をこえた。

山本は自ら死を選んだという見方もあった。

山本の死は日本の前途に暗い影を落とした。

ツキなし

山本にはどこか詰めの甘さがあった。

ミッドウェー海戦のとき南雲機動部隊の後方にいた山本はミッドウェー近海に敵空母部隊が現われたことを知っていた。戦艦大和が敵の電波をキャッチしたのである。

「南雲に教えたらどうか」

と山本が言うと、

「当然、赤城でもとらえているでしょう」

と言った参謀の言葉を信じて、山本は南雲には通報しなかった。ところが南雲は電波をキャッチしていなかった。

南雲機動部隊が壊滅したその時間に、山本は、渡辺安次戦務参謀と将棋を指していた。

そこに顔色を変えた司令部暗号長が入ってきて、

「赤城、被害大にして総員退去」

と暗号を読み上げた。

山本は無言だった。

続いて加賀の悲報が伝えられた。

「ほう、またやられたか」

山本の口から発せられたのは、その一言だった。

帰国して山本の前に姿を見せた南雲は悄然とし、ものの哀れさえ感じられた。

山本は二人で昼食をともにしたが、その間、南雲は終始うつむき、涙を流しながら惨敗をわびた。

もはやどうにもならない事態であり、山本は無言で南雲を見つめるしかなかった。

「これで日本も終わりだ」

山本の胸中に去来するのは、国民にどう詫びるかということだった。

ナポレオンは司令官を任命するとき、軍歴は問題とせず、

「彼は幸運な人物か」

と聞いたという。

南雲にはどこか自信のないところがあった。

山本がナポレオンを見習っていれば、年功序列を打破して山口多聞を機動部隊の司令長官に抜擢したかも知れなかった。

ただしナポレオンもロシアとの戦争に敗れている。格言など当てになるものではない。

山本にツキがなかったということだった。

ポッターの証言

『太平洋の提督—山本五十六の生涯』（恒文社）を書いたイギリスのジャーナリスト、ジョン・D・ポッターは山本についてこう書いた。

もし山本大将がこの海戦で勝っていればどうだろうか？ 間違いなく、二次大戦のすべては変わっていたはずである。

たぶん、米空母を撃滅した山本大将は、やすやすとハワイを攻略し、米太平洋岸にせまっただろう。

そのさい、それが米国民の士気にどんな影響を及ぼしたかは、推測が難しい。しかし、大将が望んだような早期和平交渉は実現できなかったにしても、もし日本艦隊が太平洋岸からパナマ運河入口にまでせまったとしたら、米国民の関心は、ひたすら山本大将に集中して、ヨーロッパからは遠ざかったことは間違いない。

そうなれば米軍のヨーロッパ派兵はなくなり、かりにナチス・ドイツが敗北するにしても、それはほとんどソ連独力によるものであり、その結果は、鉄のカーテンは英仏海峡にまで及んだだろう。

そして、それらの事態は、ただ一九四二年六月四日午前八時三十分、南雲中将が中部太平洋でほんの一言、別の命令を下しさえすれば、必ず発生したのである。

本当にこうしたことが、起こり得たのだろうか。

著者のポッターは第二次大戦中、デイリー・エクスプレス紙の特派員としてビルマ、イタリアに従軍、戦後は日本と中国に二年間滞在し、その後、デイリー・ミラー紙の特集版編集長、デイリー・ヘラルド紙の編集部長を経て、デイリー・エクスプレス紙に戻り、海外特派員として全世界をカバーした人物だった。

第六章　ケネディ出征

アイルランド移民

駆逐艦天霧艦長の花見弘平と戦火を交えることになる米海軍魚雷艇艇長ジョン・F・ケネディは、アメリカ合衆国大統領になった人物である。

どんな少年時代を過ごしたのか。

ケネディは一九一七年（大正六）五月二十九日、アメリカ北部マサチューセッツ州ボストンで生まれた。

父のジョセフ・パトリック・ケネディは、のちに富豪となりイギリス駐在大使にも任命された人物である。当時は小さな銀行の頭取で、ボストンにある住宅を手に入れたばかりだった。

ジョンは次男であり、長男はジョセフ二世で、その下に五人の妹と二人の弟がいた。妹はローズマリー、キャスリーン、ユーニス、パトリシア、ジーンと弟のロバート、そして末弟のエドワードの九人兄弟だった。

もともと一家はアイルランドの貧しい農民だった。一八四〇年、日本の天保時代、アイルランドでは主食であった馬鈴薯を腐らせる病気が蔓延し、農民は飢餓に苦しみ悲惨極まりない状態に陥っていた。

アイルランドの農民たちの間に、アメリカへ脱出する人が出てきたのも当然のことであった。

ケネディの曾祖父パトリック・ケネディの一家も船賃二十ドルを調達することができたので、キュナード汽船の混雑した三等船室に乗り、大西洋を横断してアメリカにわたったのだった。桶屋を始めて成功し、アイルランドの娘と結婚し、四人の子供をもうけた。

末っ子が父親の名前パトリックを受け継いだ。大きくなって彼は酒場を開いた。この人はジョン・F・ケネディの祖父になる。

エリートへの道

祖父は読書好きで、アメリカの歴史に関する本を何冊も読んだ。

やがてマサチューセッツ州の下院議員に立候補して当選。州の上院議員にもなり、ボストン市の消防委員長、道路委員長、選挙管理委員長なども歴任した。

民主党を支持し、その幹部になった。

民主党のグループの中にジョン・F・フィッツジェラルドという若い政治家がいた。

フィッツジェラルドは市会議員をふりだしに州会議員、下院議員、ボストン市長を歴任した。彼の娘とパトリックの息子ジョセフが結婚した。彼ら二人がケネディの両親である。

ケネディの父ジョセフはハーバード大学を卒業した秀才で、在学中バス会社を経営し、数千ドルを稼いだ。卒業して結婚し、ルーズベルトを支持し、イギリス大使に任命された。こうして一家はアメリカの上流社会の仲間入りをした。

ケネディが小学校四年生の時、ボストンからニューヨークに移った。十三歳の時、コネチカット州に移り、アメリカの超名門の寄宿制私立高校、チョート校に学んだ。

毎日、午前三時に起床し、五時半まで勉強し、そのあとホテルでアルバイト、それから高校に通った。

スポーツはフットボールや水泳、ヨットが得意だった。しかし、しばしば体調を崩し、卒業前には原因不明の発疹と喉頭炎に悩まされ、ミネソタ州の病院に入院した。過敏性大腸炎という診断だった。このころ身長は百八十センチあったが、体重は五十キロしかなかった。

最終学年のケネディは、あまり勉強しなかった。親友のビリングスと一緒に「モッカーズ」という名前のクラブを結成し、青春をエンジョイした。モッカーとは「ゴミ掃除人」の意味で、クラブのバッジはシャベルをかたどったものだった。

卒業時の成績は百十人中六十五番だった。しかし、「将来一番出世しそうな仲間」という

少年時代のジョン・F・ケネディと家族。1931年9月、ケネディ家の別荘のあったマサチューセッツ州ハイアニスにて。左から弟ロバート、ジョン（当時14歳）、妹ユーニス、ジーン、父ジョセフ、母ローズ（奥）、妹パトリシア、キャスリーン、兄ジョセフJr、妹ローズマリー。末弟エドワードは翌年2月に誕生

卒業生同士のアンケートでは、一番多くの票を獲得した。（土田宏『ケネディ「神話」と実像』、中公新書）

大学はアメリカの名門ハーバードに進んだ。

名門中の名門

ハーバードはアメリカ合衆国マサチューセッツ州ケンブリッジ市に本部をおくアメリカ最古の名門大学である。オバマ大統領を含め八人のアメリカ合衆国大統領や七十五人のノーベル賞受賞者を生むなど世界大学ランキング一位を独占している。

大学の中核はボストン近郊に広がるケンブリッジキャンパスで

ある。西洋美術のフォッグ美術館、東洋美術のサックラー美術館、ガラス製植物標本で有名な自然史博物館など、常設公開施設もあり、多くの観光者が訪れる場所となっているキャンパスである。

全寮制

ハーバードに入学した学生は、一年次をハーバードヤードとその周辺にある寮で過ごす。二年次から四年次卒業までは、「ハウス」と呼ばれるシステムに属し、大部分の学生がハウスに寄宿する全寮制となっている。

毎学期の終わり、試験週の始まる前日には、「プライマルスクリーム」と呼ばれる、全裸で学生たちが走り回る伝統が行なわれる。こうして学生は固い絆で結ばれる。

大学では、あらゆる学問を学ぶことが出来た。

アフリカ・アフリカンアメリカン研究、人類学、応用数学、生化学、生物学、化学、化学物理、古典、コンピューター科学、地球惑星科学、東アジア研究、経済学、工学、英米文学と言語、環境科学と公共政策、伝承と神話学、政治学、歴史学、文学史、科学史、芸術史、言語学、文学、数学、音楽学、中東言語文化、哲学、物理学、心理学、宗教比較、ロマンス語と文学、サンスクリット・インド研究、スラブ語と文学、社会科学、社会学、ありとあらゆる講座がある。

大学院に在籍していた兄ジョーは海軍航空士官学校に入り、軍に入隊した。南アメリカの旅行から帰って来たケネディも軍隊にはいる準備をした。
アメリカでは兵役を拒否するものは、勇気がない男と低く見られた。

スポーツに熱中

ケネディは二年生までは勉強よりスポーツに熱中した。得意種目は水泳だった。背は高かったが、やせ細っていて、体力がなく選手にはなれず、補欠だった。

フットボール、ゴルフにも熱中した。

勉強は歴史や政治学、経済学を履修したが成績はBが一つ、あとはCとDだった。つまり中以下の成績だった。

勉強の意識が目覚めたのは、友人とフランス、スペイン、イタリアを旅してからだった。国際政治に目覚め、粗削りではあるが、政治学で優れた論文を書き、優秀な成績でハーバード大学法学部政治学科を卒業した。

その後、サンフランシスコのスタンフォード大学大学院に進んだ。しかし、ここにはわずかしかいなかった。

将来、政治家になるためには、軍歴が必要だった。戦場に出ずに、逃げ隠れしていては、卑怯者のそしりは免れない。東部に戻り海軍予備隊に志願した。

しかしケネディは幼少のころからアジソン病に侵されていた。副腎皮質ホルモンの分泌低下による全身倦怠疲労、食欲不振、体重減少、低血圧症などである。

この時期のケネディは、やせ細って目がぎょろついていた。

ハーバード時代にフットボールで背中を痛め完治していなかったので、体操教師について背中の筋肉を鍛えた。その努力が実を結び、やっと海軍に入隊が認められた。しかし海上勤務ではなく半年ほど南部に派遣され、爆撃に対して軍需工場を防衛するための仕事についた。

ドイツが米本土まで爆撃機を飛ばすとは考えにくかったが、命令なので仕事に精勤した。

しかし退屈だった。

「君には勉強してもらう」

と上官がいい、昭和十七年夏、ノースウエスタン大学の海軍予備士官訓練隊に送られた。

これが海軍士官の第一歩だった。

予備士官

日本では海軍兵学校が士官教育の最高峰だったが、米国では予備士官を多く採用していた。

それは海軍予備士官訓練隊といわれるもので、指定校はハーバード大学、ノースウエスタン大学、ワシントン大学、エール大学、カリフォルニア大学、ジョージア工科大学の六校だった。

そこに海軍の士官が派遣されていて、学生は国際法、戦略戦術、電気学、機関学などを学び、卒業後、海軍士官に採用された。

日本海軍も技術将校に限って委託学生を採用していた。軍艦や兵器の開発製造にあたる技術者である。東大、京都大、東北大などの工学部や高等工業の学生を依託学生として採用、月手当を支給し、卒業の時点で海軍技術中尉として採用した。

対象は造船、造機、造兵で年二回、募集した。日本の艦船や兵器が優秀だったのは、彼らの功績もあった。

真珠湾攻撃

一九四一年（昭和十六）十二月、日本海軍が真珠湾を攻撃した時、ケネディは仰天した。ケネディの意識のなかに日本はなかった。関心を抱いてきたのはヨーロッパだった。

一体、日本のどこに真珠湾攻撃で見せた力があるのか、不思議だった。

ある日、訓練校にアメリカ海軍第三魚雷艇隊司令のジョン・D・バルクレイ大尉がやってきた。大尉はマッカーサー元帥をフィリピンから無事撤退させ、スービック湾の海戦では日本の巡洋艦を撃沈、アメリカのマスコミに、英雄として登場した知名度の高い士官だった。

大尉はハーバードやエール大学など東部の名門大学の出身者による魚雷艇隊の編成を考えていた。海軍の目玉にせんとしたのである。

翌年秋、ケネディはようやく海上勤務にかかわり、魚雷艇隊へ配属された。

ケネディが子供の頃、父が小さなヨットを買ってくれた。やがてスター型クラスのマサチューセッツ州ナンタケット湾競技会で優勝、ヨットは得意だった。

六ヵ月間、彼は高速魚雷艇の訓練所で面倒で危険な艇の扱い方を習得した。

海のエース

米国の魚雷艇は四十ノットの高速で航走、突如として島陰より現われ魚雷を発射するので、小島が多いソロモンの海では極めて有効だった。

高速なので、とらえにくく、近距離では機銃攻撃をしかけ、煙幕を張り素早く遁走した。またレーダーを装備した艦もあり、夜戦でも日本の艦艇を探知し、不意に攻撃をしかけてくるので、日本海軍にとって手に負えぬ厄介な高速艇だった。

魚雷艇はアメリカの歴史に深くかかわっていた。それは南北戦争の時代である。

南北戦争では、両軍が水雷艇を運用し、南軍が建造した半没式水雷艇が北軍の装甲艦に大きな損害を与え、北軍は汽船に外装水雷を取り付けて使用し、南軍の装甲艦アルバマールを撃沈する戦果を挙げた。

以来、魚雷艇は米海軍のエースの役を担って来た。

PT109

ケネディは海軍中尉に任官し、一九四三年(昭和十八)三月六日、日本軍と戦うためにサンフランシスコを出発した。

PT109と同型の米魚雷艇(エルコ80フィート型)。排水量56トン、速力41ノット、発射管４門、20ミリ機銃１梃、12.7ミリ機銃連装２基、37ミリ砲１門を搭載

1942年10月、米ロードアイランド州ポーツマスの魚雷艇訓練所に入った訓練生たち。最後列右から７番目がケネディ中尉

目的地はソロモン諸島の魚雷艇基地だった。

ケネディの活躍は、彼を追いかけたニューヨーク・ヘラルド・トルビューン紙の記者、ロバート・ドノヴァンの『PT109——太平洋戦争とケネディ中尉』(日本語訳波多野裕造、日本外政学会発行)に余すところなく記述されている。これはほかの人には真似のできないことだった。

ドノヴァンは戦後、カメラマンのエリオットとともにケネディが戦った島々を全部、踏査し、日本各地も歩き、花見弘平始め駆逐艦天霧の乗組員に取材し、激突事件を再現し、その後の日米交流をも取材した。

それは実に精密なノンフィクションだった。

ケネディが乗った船は海軍の輸送船ロジャンボオ号で、黄昏《たそがれ》の中をサンフランシスコ橋の下を抜け、アルカトラス島の傍を通って静かに湾を出て外洋に向かった。

この船の前身はフランス郵船会社の豪華客船ジョッフル元帥号で、日本軍がフィリピンを攻撃したときに、マニラから脱してきたのだった。

その後、輸送船に改装し、米国西海岸と南太平洋を結ぶ定期船になっていた。

今回は軍港のサンディエゴで千五百人の応召兵を乗せ、それから赤道を越えて、護衛なしの旅をするのである。

サンディエゴで輸送船に乗り組んだ水兵たちは、生まれて初めて戦場に向かう若い人々ばかりだった。

政事談義

ケネディはジェイムズ・A・リード、ポール・G・ペノイヤー二世の両中尉と船室が一緒だった。

ペノイヤー中尉はハーバード出身の海軍の雷撃機の搭乗員で米国有数の富豪モーガンの孫だった。リード中尉はディアフィールドとアムハースト大学の出身で、法律を勉強していた。

三人は英国の政策や時事問題について議論をかわした。

リード少尉は英国の前首相チェンバレンと〝宥和《ゆうわ》政策〟の責任追及に口角泡を飛ばした。もしチェンバレンがミュンヘンでヒトラーと妥協するのを拒んでいたならば、ドイツはヨーロッパを蹂躙《じゅうりん》していなかっただろうし、日本も真珠湾を攻撃するような気を起こさなかっただろうと主張した。

するとケネディが口を開いた。

「もしもそうなら、一九三〇年代における民主主義諸国をマヒさせていた憶病と無気力をこそ責めるべきだ」

チェンバレンばかりを責められない、と論じた。

ケネディはこの問題に精通していた。図書館にこもって、英国のタイムズ紙、エコノミスト誌、外務省の記録、議会議事録などを読んでいた。三人は大いに仲良くなり毎晩、議論を交わした。

日米の違い

アメリカでは日本でいう学徒動員の将校たちが自由に政事を論ずることができた。しかし、日本は全く偏っていた。

開戦当時の日本の陸軍省と参謀本部の有力者は大半、ドイツ留学組だった。六十五人のうちアメリカ留学者は佐藤賢了軍務課長ただ一人という始末で、ドイツ語がポンポン飛び交い、ヒトラーは必ずロシアとイギリスを破ると全員が信じていた。

正しい情報がまったく入らず、ヒトラー頼みの開戦だった。

「ドイツが勝つのだから、いま参戦しないとバスに乗り遅れる」

と、本気で話し合っていた。

日本が真珠湾を攻撃する直前、ドイツはレニングラードでロシアに大敗していた。ロシア駐在武官からその電報が入ったが、

「何をいっておるか。最後はヒトラーが勝つのだ」

と電報は握りつぶされ、ロシア駐在武官は他のセクションに飛ばされた。

こうした陸軍参謀たちの実相は『昭和軍事秘話』(同台クラブ講演集全三巻)に、記述されている。

船上での訓練

戦場に向かうケネディたちには、海軍ナイフや三八口径のスミス&ウェッソン拳銃など戦闘装備一式が支給された。

三人は議論の合間に、このナイフを使って楽しんだ。士官室に板を立て、その上に紙をはりつけて三メートルばかり離れたところからナイフを投げ合い、誰が一番的の近くに突き刺さったかを競った。ケネディは結構、強かった。

戦闘訓練は毎日、明け方と日暮れどきに行なわれた。未明や薄暮《はくぼ》は、潜水艦にもっとも攻撃されやすい時間帯だった。射撃訓練も熱心に見学した。魚雷艇には機銃もあるので、機銃にも精通する必要があった。

1942年、米海軍中尉の制服に身を包んだジョン・フィッツジェラルド・ケネディ

このころ数回にわたって水平線上に国籍不明の船が現われ、警報が鳴らされたが、いずれも味方の船だった。

三月二十六日、掃海艇に改造された四本煙突の駆逐艦トレーシー号がニュー・ヘブリディス群島への入口で、ケネディが乗った客船と会合、機雷が敷設されたエスピリッツ・サントの港に入るまで護衛してくれた。

ケネディは沈められた輸送船の残骸を初めて見た。

「これぞ戦場だ」

と胸をときめかせた。

ここには空母エンタープライズを中心に大艦隊が碇泊しており、その光景に驚きの眼を見はった。オーストラリア海軍の巡洋艦もいた。それはゾクゾクするような眺めだった。

ケネディがここで受けた指令はエスピリッツ・サントで下船してソロモン群島に向かい、魚雷艇に乗り組むことであった。

二人の友とは固い握手を交わして別れた。

真珠湾を忘れるな

当時のアメリカの青年たちは、日本軍に激しい敵意を抱いていた。

真珠湾攻撃がアメリカ人の自尊心に火をつけたためだった。ルーズベルト大統領は、この日を屈辱の日と名づけ、

「リメンバー、パールハーバー（真珠湾を忘れるな）」

と国民に訴えたことがすべての若者の胸にあった。宣戦布告なしの奇襲攻撃がアメリカ人に憎しみを抱かせたのだった。

議会関係者はそろって激しく日本を攻撃した。アラバマ州選出のサム・ホップス下院議員は、

「日本の攻撃の成功は、勇気や技量によって勝ち得られたものではない。それは欺瞞《ぎまん》と偽りによって生まれたものである」

と述べ、フロリダ州選出の下院議員ロバート・サイクスは、

「加えられた損害、失われた人命に対して千倍の報復をするまでは、決して止むことのない全面的な努力を続けなければならない」

と叫んだ。またロサンゼルス・タイムズ紙は社説で、

「戦争は日本が求めたのだ。日本は戦争の惨禍を知らねばならない」

と述べた。これに対して、ビスマーク・トリビューン紙は、

「我々が不意打ちされたことは事実である。問題はなぜ不意打ちされたかということである」

と疑問をなげかけ、ルイストン・イブニング・ジャーナル紙は、

「小さな日本が強大なアメリカに対して攻撃をかけること自体は、根本的には狂気の沙汰であったかもしれないが、ひとたびそのことが決すると、攻撃は素晴らしいやり方で実行された。最初に敵の心臓部に対して大胆に攻撃を加えるやり方は、軍事作戦の伝統にかなうものである」

と日本海軍の輝かしい勝利を認める人々もいた。

しかし、軍関係の掲示板にはこんな文字がおどっていた。

「日本人《ジャップ》を殺せ、日本人を殺せ、もっと、もっと日本人を殺せ」

ケネディもこの当時は同じだった。ジャップを殺せであった。

日本機襲来

一九四三年（昭和十八）四月七日、ケネディが乗った米海軍の戦車揚陸艦ＬＳＴ４４９は、ガダルカナルの北岸に接近していた。

ＬＳＴ４４９は、ソロモン諸島で任務につく百七十人の陸兵交代要員とケネディら一群の海軍士官と大量の補給物資を積んでいた。

午後零時十五分、トゴマ岬の沖で艦長のカール・リグィソグストソ大尉は数隻の輸送船と駆逐艦が全速で鉄底入江《てっていいりえ》に逃げこもうとしているのを発見した。この入江は日米の戦闘で多く艦船が沈み、船の墓場と言われていた。

正午過ぎ、突然信号灯が空襲警報の閃光を発した。敵機の襲来である。

ケネディは緊張した。

日本の戦闘機零戦は優れた運動性能で、米軍を悩ませていた。ヒラリヒラリと米軍機をかわし、背後に回って銃撃を加えるのだ。零戦に狙われたらもう助からなかった。

ケネディは、この時、居室の下段の寝だなに寝転がって本を読んでいた。

飛び起きて上甲板に向かうと、日本のラバウル航空隊の大編隊がガダルカナルに向かっていた。百七十七機の戦闘機と艦上爆撃機である。それは悪魔の攻撃機に見えた。別に一群がツラギに向かっていた。

LSTには大量に爆弾がつまれていた。一発敵弾を食らえば、即大爆発である。

ケネディは恐怖で胸が震えた。

米軍零戦を捕獲

この頃、日本軍の零戦は恐怖の戦闘機として米軍を震え上がらせていた。

真珠湾の後も米軍の前に立ちはだかってきた。

零戦は二十ミリ機銃二梃と七・七ミリ機銃二梃を装備した軽快な引込脚の艦上戦闘機だった。ハワイで墜落した戦闘機のネームプレートから零式艦上戦闘機という名前を持ち、すでに多数が量産されていることはわかっていた。

米軍は必死で飛べる零戦を探し続けた。

一九四二年六月、米軍がついに零戦を手に入れた。アリューシャン作戦で、空母龍驤《りゅうじょう》から飛び立った零戦がガソリンタンクとエンジンに被弾、母艦帰投不能となり、アクタン島に不時着した。

零戦は湿地に突っ込んで逆立ちとなり、機体は小破、搭乗員は頭部打撲で死亡した。その機体が米軍に発見され、早速本国に送られ、徹底的に性能の分析が行なわれた。

これに対抗すべく米軍が製造を急いだのがグラマンF6Fヘルキャットなどの最新鋭機だった。

ケネディが戦線に出たのは、まだ零戦優位の頃だった。

爆弾投下

午後三時十分、太陽を背にした日本軍機が急降下してきて、爆弾を投下した。左舷の三メートルのところに爆弾が落ち、巨大な水柱が上がり、爆発音で鼓膜が破れそうになった。

ＬＳＴ４４９は、がぜんスピードを上げ敵機からの攻撃をのがれんとした。

敵機九機は轟音とともに逆落としに急降下したり、斜めに滑るように突っこみ、ＬＳＴ４４９と駆逐艦アーロン・ウォードに襲いかかった。第二弾が左舷前方三メートルに落下した。

さらに二発が右舷の艦尾の先で爆発し、もう一弾が艦橋の高さまで海水を吹き上げた。

ケネディはひどく興奮した。いずれも至近弾で艦は水浸しになった。

揚陸艦の砲手が水平線すれすれに襲いかかってくる日本軍機を狙って猛然と砲火を浴びせている間に、駆逐艦から煙が吹き出し、見るまに紅の炎に変わった。やがてフロリダ島沖五キロの地点でアーロン・ウォードは沈没した。

その時、日本軍機が撃墜され、一人の飛行士がパラシュートで海中に飛び降りた。米海兵隊員が救助に向かった。すると日本人パイロットは急に飛行帽をかなぐり捨てて泳いで逃げようとした。そしてピストルを取り出して救助艇めがけて二発ぶっ放した。救助艇から機銃が乱射され、パイロットは海中に没していった。

ケネディは目の前で起こった出来事に、ここは戦場だと痛感した。救助を拒みピストルを放った日本人パイロットの不可解な行動に恐ろしさも感じた。日本人は降服よりも死を選ぶと聞いてはいたが、それが事実と分かって衝撃を受けた。

ツラギ島

ソロモン諸島の小さな島ツラギが目的の海軍基地だった。ここは戦前、英国保護領、ソロモン群島の首都だった。

ここには船舶の修理工場とかまぼこ兵舎があり、ラグビー場や植民地時代の政府庁舎もあった。

一九四二年五月三日に日本軍が占領したが、同年八月八日に米軍が奪還し、椰子の葉かげに眠るツラギ周辺には大小数十隻の艦艇が碇泊していた。

魚雷発射管四本と二十ミリ機銃一梃と十二・七ミリ機銃四梃、三十七ミリ砲一門を装備した全長二十四メートルの新しいベニヤ板製の快速艇、ＰＴ１０９が水上に初めて浮かべられたのは、十ヵ月ばかり前の一九四二年六月のことだった。

三基の十二気筒パッカード・エンジンでぶっ飛ばす魚雷艇は実に迫力に富んでいた。真っ白な航跡を残しながら進むＰＴ１０９は完璧なボートだった。ケネディはこの魚雷艇の新艇長におさまった。

ケネディは新しい乗組員を選び、夏に予定されていた攻勢開始時期までに、訓練をかさねることにした。

前のクルーから残った士官はトム少尉だけで、あとは全員、新しい乗組員だった。ボストン近郊のクォータータウン生まれの、ほっそりした色の黒い筋肉質の二十歳になるハリス二等砲術兵曹、マーネー二等機関兵曹、カークセイ二等水雷兵曹、マグワイア二等電信兵曹、マウアー三等航海兵曹といった顔ぶれだった。

攻撃準備

ツラギに日本軍の基地を攻略せよと命令が出て、攻撃日は六月三十日と定められた。五月末から攻撃の準備であわただしかった駆逐艦、輸送船、揚陸作戦用艦艇などが多数ツラギに集結した。

五月三十日、ケネディは、隣のルッセル諸島に向かえと命令を受けた。ルッセル諸島には泥んこの川が流れており、川は緑のジャングルの中に消えていた。川には不気味なワニがいた。小銃と手榴弾でワニを退治し、魚を釣った。つかの間の休息だった。

魚雷艇の任務は、そのスピードを最大限に活用して、日本軍の舟艇を沈め、また日本海軍の基地を襲って砲撃することだった。

ケネディは何度か出撃して、戦果を挙げた。マッカーサーは、自分の回顧録に魚雷艇の活躍を書き記していた。そこにはこうあった。

ニューギニア戦の大きい特色は、日本軍の船舶に対する攻撃だった。

連合軍の飛行機、潜水艦、PTボートは日本軍の沿岸用舟艇、輸送船、小型舟艇、帆船などを大量に撃破したので、日本軍が孤立した残存兵力に補給物資や増援部隊を送ったり、あるいはその脱出をはかろうとする動きは次第に弱まっていった。

こういった船舶の撃破総数は八千隻を超え、ブナ・ラエ地区とソロモン群島での戦闘が終わったあと、日本軍は主要な海軍部隊を危険にさらすことをためらうようになった。

同時に貨物船と輸送船を大量に失ったため、日本軍は何か新しい補給技術を考案せねばならないハメに追い込まれた。

潜水艦は小さすぎる上に簡単な操作がきかず、大した助けにはならない。おまけに数も少なすぎた。そこでこの面での日本軍のもっとも野心的な努力は、舟艇の往来を大いに活発にすることに向けられた。

これらの舟艇は日本、中国、フィリピンなどで製造され、集められて、ニューギニア地域に回されてきた。

これらは三十五人から六十人の兵員と最高二十トンの貨物の輸送能力を持つ船で、全体に非常に良くできていた。

私は何か効果的な対抗戦術を練らざるを得なくなったが、その答えはPTボート、カタリナ（飛行艇）と低空攻撃機を併用して間断なく活躍させることだった。

この三つの組み合わせで、敵のこの小型舟艇は、いくら作っても間にあわないほど早

1943年、南太平洋の基地で魚雷艇PT109の操縦席に座る艇長ケネディ中尉。各種計器と舵輪が見える

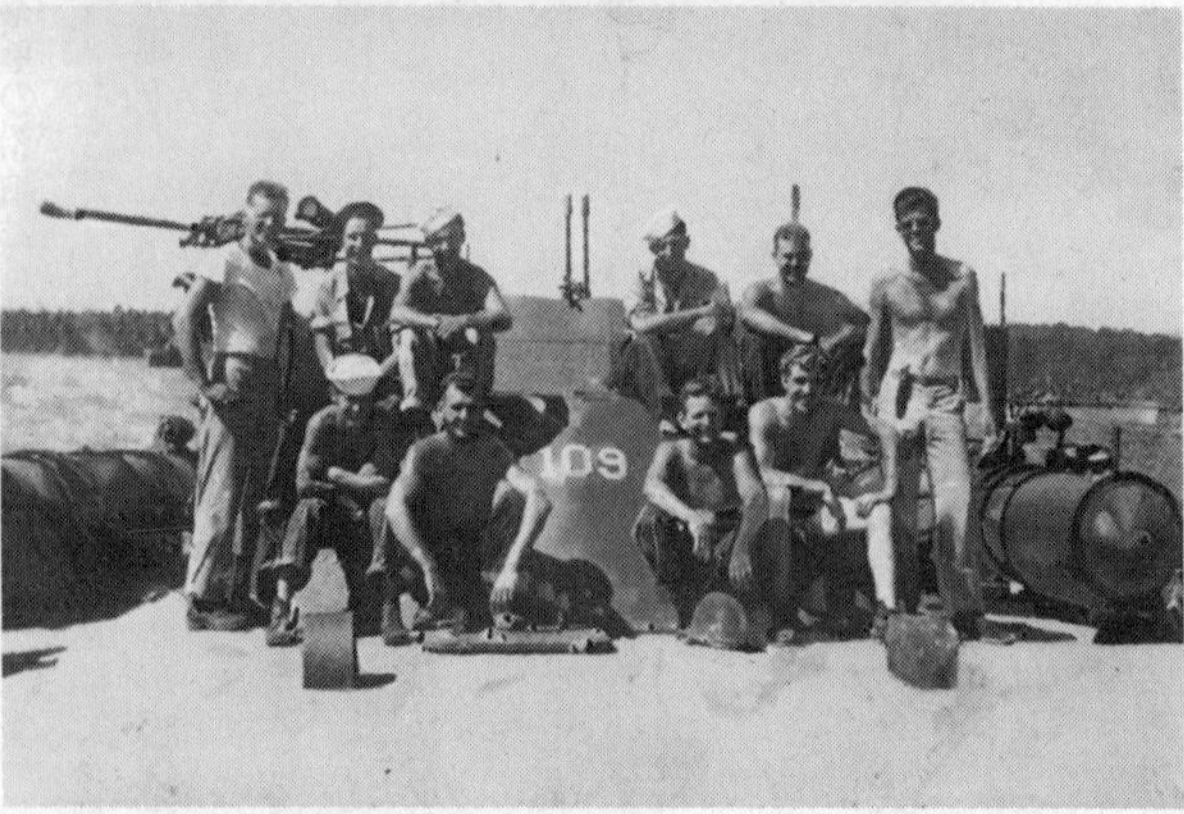

PT109の乗組員たち。後列左からアラン・ウェブ、レオン・ドローディ、エドガー・マウアー、エドムンド・ドロウィッチ、ジョン・マグワイア、ケネディ艇長。前列左からチャールズ・ハリス、モーリス・コワル、アンドリュー・キルスキー、レニー・トム。1943年、ソロモン諸島の基地に停泊中のPT109前甲板で撮影

くこわされた。　　　　　　（『マッカーサー大戦回顧録』、中公文庫）

という具合で、徐々に米軍が、南太平洋で主導権を握るようになった。

第七章　日本駆逐艦の苦闘

コロンバンガラ島

ガダルカナル攻防のさなか、日本軍はラバウルを守るためガダルカナルとの中間地点に飛行場を建設、米軍の侵攻を阻止せんとしていた。あわよくばガダルカナルの奪還を図ろうという作戦である。

しかし戦死した搭乗員の補充もままならない現状である。搭乗員たちは酷使されて目は異様に輝き、だれもが精気を失っていた。指揮官はむやみに癇癪《かんしゃく》をおこし、物を蹴とばした。

飛行場の候補地はブーゲンビル島のブインと、ショートランド沖のバラレ島、コロンバンガラ島のビラの三ヵ所だった。しかしビラは早々に米軍に発見され、艦砲射撃を受けてしまい、バラレも空爆で破壊された。残るのはブイン一ヵ所になった。

コロンバンガラ島は東西二十七キロ、南北三十三キロの小さな島である。飛行場には、適地であった。米軍は空撮ですぐに日本軍の動きを察知し、巡洋艦二隻、駆逐艦四隻で砲撃を加えて来た。艦載機も飛来し、爆弾を投じた。

このまま引き下がっては、ラバウルまで危なくなる。夜間、駆逐艦で増援部隊が送り込まれ、飛行場の建設が続行された。

ところがレーダーで察知され、艦船の被害が続出するに及んで、花見は衝撃を受けた。

突然の攻撃——ビラ・スタンモーア夜戦

最初に犠牲になったのは駆逐艦峯雲《みねぐも》と村雨《むらさめ》だった。

昭和十八年三月五日、峯雲と村雨はラバウルからコロンバンガラ島に向かった。ラバウルは連日、敵の空襲にさらされ十数隻の輸送船が全滅、同数の護衛駆逐艦も半数以上を失い、ラバウルは悲壮感につつまれていた。その間もコロンバンガラ島の将兵は救援物資を待っていた。

早朝、ラバウルを発した二隻の駆逐艦はショートランドに仮泊、薄暮をまって同地を出航、高速でコロンバンガラに向かった。

島に接近するには、島とムンダ基地の間の狭い水道の南北、いずれかを通る。この日は距離的に近い北水道をとった。月のない真っ暗闇の海だった。

目を凝らして島の浜辺についたのは深夜十時頃だった。待ちうける陸上部隊の大発に物資を積み込み、たがいに数珠つなぎにしたドラム缶を投入し引き渡した。時間はわずかしかない。

陸上部隊から内地送還の便乗者、また内地送りの書類や郵便物等を受け取って出発するまで、一時間とはかからなかった。北水道から進入の際、敵らしい電波を傍受し、また補給作業中、上空に敵哨戒機らしい爆音を聞いたので、帰途は南水道をとった。峯雲は再びスクリューが回転をはじめ、艦は次第に速力を早め、島かげが漸く遠ざかった。

艦内は補給時の総員配置を解いて、第二哨戒配備となった。村雨との距離千六百メートル。上杉義男艦長は当直の水雷長に操艦を渡して、ほっと一息ついた。砲術長の徳納浩《とくのひろし》も艦橋を下りようとした瞬間、異様なショックと鈍い爆発音が響き、夜目に白く右前方至近距離に十数本の水柱があがった。艦長は直ちに、

「配置につけ、対空戦闘ッ」

と叫んだ。

補給作業中、上空に爆音を聞いていたので、哨戒機の爆撃と直感したのだった。砲術長の徳納は直ちに艦橋より一段上の指揮所に入り、対空戦闘を命じた。しかし、爆音はしない。

闇夜に艦砲

次の瞬間、右前方に雷の様な閃光が続けざまに上がった。徳納はとっさに艦砲だと思い、

「砲戦はじめ、目標右三十度、敵艦」

と号令したが、砲が旋回をはじめ、敵の方向に向き終わらないうちに電源がとまり、電話も途絶えた。中継所が被弾したものと思われた。

この間、最初の閃光から二分ほどで敵の砲撃は無照射ながら正確を極め、艦は次々に被弾した。この頃には敵艦との距離は五千メートルに近づいた。

主砲指揮所には砲術長のほかに射手、旋回手、測距手、動揺修正手、伝令と計六名が配置についていたが、相次ぐ命中弾のため艦は急速に艦首をもたげはじめた。

「沈没するぞ。脱出、脱出ッ」

徳納はあわてて全員に脱出を命じたが、守備位置の関係上、後部出口からは、先ず射手、つづいて旋回手、砲術長の順になる。徳納が砲塔を出た時には、既に前の二名は見当たらず、後続の脱出者を確認する余裕もなかった。

艦橋には人影が見えず、艦は艦首を上に急速に艦尾の方向に引きこまれつつあった。

沈没が迫っていた。

もう一刻の余裕もない。

十一時間の遠泳

徳納は艦橋後部の甲板から一番煙突の前に飛び下りたが、既にその付近は水没していて、マゴマゴすると艦に引きこまれる。海に飛び込んで、一気にクロールで離脱し、振り返って見ると既に艦影はなかった。

あっという間の沈没だった。初弾からせいぜい五分だった。このため、非番で後部兵員室に休憩していた七、八十名のうち脱出できたのは十名前後に過ぎなかった。

このあと付近の兵員を集めて、岸まで約十一時間の遠泳となったが、一番艦村雨も、これに遅れること五分位で同じ運命をたどった。

基地に泳ぎついて、上がって来る生存者を待ったが、翌六日中に三十七名、後日の者を加えて四十九名ということで愕然とした。乗員総数二百七十七名、便乗者約十名だったので、大変な犠牲者を出してしまった。

村雨は沈没までの時間が長かったため、艦長、先任将校の他、乗員の約半数が助かった。

花見はこれを聞いて、

「いずれわが身だ」

と感じた。

この戦争は誤りだったという声も現場にひろがっていた。駆逐艦を兵員や物資の輸送に使ったため、駆逐艦の損失は予想をはるかに超えていた。やはりミッドウェーがすべてだったのか。花見は唇を噛んだ。

レンドバ島

六月三十日に米国の軍隊がソロモン中部のレンドバ島に上陸したとの報があり、ソロモン方面の戦局があわただしさをました。

ラバウル所在の全艦隊が直ちに出撃、敵の輸送船団を撃滅せんと図ったが、上陸作戦を終えた敵艦隊は姿をくらませ、その間隙をついて敵魚雷艇が十数隻、大胆にもラバウルに突入してきた。

エンジンの音も高らかに猛スピードで突っ走る魚雷艇は捕捉が困難だった。もし戦場で魚雷艇に遭遇した場合は、体当たりにより撃沈する以外に方法はないように思えた。

レンドバに上陸した敵は、日本軍が守るニュージョージア島ムンダ基地に砲撃を開始し、魚雷艇基地を設営した。

南太平洋での日米決戦は時間の問題だった。

天霧も出動―クラ湾夜戦

花見にもついに出動の命令がくだった。

七月五日夜半、駆逐艦十数隻が動員され、輸送船を護衛し、コロンバンガラ島へ向かった。

天霧には警戒隊司令の杉野修一大佐も乗艦した。日露戦争旅順港閉塞作戦で戦死した杉野孫七兵曹長の長男で、後年、戦艦長門の最後の艦長を務める人物である。

輸送隊は陸軍一個大隊、物資五十四トンを積み込んだ。

天霧は輸送隊の護衛に当たり、敵艦隊を警戒し、コロンバンガラに突入の直前、敵の巡洋艦、駆逐艦からレーダーで捕捉された。

なにも見えない漆黒《しっこく》の彼方からドンドンと砲撃を受け、旗艦新月《にいづき》が赤い炎に包まれ沈没、第三水雷戦隊司令官秋山輝男少将も戦死した。その他も損傷を受け、互いに見失って別れ別れになった。

その間、輸送部隊は命がけで輸送任務を果たし、帰途についたが、日本海軍の伝統である夜襲は効を奏さなくなり、現場に衝撃が走った。

コロンバンガラからの帰途、艦の周囲に急に爆発が起こった。敵が敷設した水雷の爆発かと思われたが違っていた。敵艦からの砲撃だった。天霧も五発被弾し、艦後部の命中弾で電信員と暗号員十名が戦死した。艦内の電源をやられ暗闇となった。大砲の動力もやられて、魚雷発射によるほか応戦の方法はなくなった。

相手の砲撃は正確だった。このままではやられる。

雷撃に成功

花見は敵艦めがけて突進し、魚雷攻撃をかける決心をした。

魚雷発射には少なくとも四〜五千メートルに接近する必要がある。

「突っ込むぞ」

花見が命じた。天霧は敵弾の中を遮二無二《しゃにむに》突っ込んで、四千五百メートル位と覚しき地点で敵艦めがけて九本の魚雷を発射し、煙幕を張りながら退避した。

魚雷が敵に到達するには四分から五分かかる。

「どうか」

緊張の一瞬だった。

四分何秒かで、見張員から水柱が昇ったと報告があり、その瞬間から敵の砲弾はハタと止んだ。

「艦長、やりましたね」

「よかった。皆のおかげだ」

花見は声を震わせた。こうして天霧は撃沈を免れた。

後日わかったが天霧の魚雷が命中したのは、敵の軽巡洋艦ヘレナだった。

水雷長の証言

この頃の花見について、水雷長の志賀博大尉《しがひろし》が証言している。志賀は十八年七月下旬、天霧の水雷長として着任してきた。

志賀は制服が背広という東京府立五中出身にしては、なかなか粗削りで図太く、粘り強い性格の男だった。

少尉に任官して駆逐艦叢雲《むらくも》に配属となり、駆逐艦乗りとして有名な東日出夫《あずまひでお》艦長に厳しく鍛えられた。志賀は中尉になって夕凪《ゆうかぜ》に移り、ここでも鍛えられ、意気揚々と天霧に乗り組んできた。

なぜか前任者が青白い顔で退艦していったそのわけが、間もなくわかった。

着任してみると不思議なことに、食事のとき士官は皆早飯ですませ、艦長がくる頃には誰もいなくなってしまうのだ。

その意味が最初、分からなかった。あまり気にせず、花見艦長と食事をしていると、花

見艦長に直々に説教され、あげくのはてに、

「おまえはたるんでるッ」

と殴られた。

戦場は生きるか死ぬかだった。だから花見は甘えや油断をゆるさなかった。

前任者は花見艦長から愛の鞭を加えられ、いつしかノイローゼになったというのだった。

そんなこととは露しらず、志賀はいい気になっていたのである。殴られてからは、いささか腹もたって、

「こんちくしょう」

と違和感も覚えたが、誰かが気を抜けば、沈没が十分にあり得た。

「そうか」

と志賀は花見の信奉者になった。

その花見が絶対に殴らない男がいた。機関長の西之園茂大尉（機48期）である。西之園は花見が海軍機関学校の教官をしていたときの教え子だった。

西之園は鹿児島出身の熱血漢の機関長で、天霧の操艦が、ちょっとでもおかしいと艦橋に怒鳴り込んできた。

のちの昭和十九年四月、マカッサル海峡で天霧が触雷して沈没する際、西之園はあらゆる処置をすませ、部下を退去させたあと、機関指揮所にこもって艦と運命をともにした。

駆逐艦天霧を率いた花見弘平艦長。昭和19年、中佐に昇進した時の撮影。戦後の昭和27年、ケネディへの最初の手紙に同封したもの

吹雪型駆逐艦天霧。排水量1980トン、速力38ノット、12.7センチ連装砲３基、三連装発射管３基。花見は、昭和18年５月から19年３月まで艦長をつとめた

第八章　ケネディ艇と激突

前方に船影

七月三十一日夕刻、駆逐艦萩風《はぎかぜ》、嵐《あらし》、時雨《しぐれ》、天霧の四隻で再びコロンバンガラ輸送作戦に加わった。指揮官は第四駆逐隊司令杉浦嘉十大佐である。

天霧は警戒隊で、少し遅れて八月一日午前零時にラバウルを出港した。この日、第十一駆逐隊司令山代勝盛大佐も天霧に乗艦した。

翌二日午前二時ごろ、狭い視界の中で前方に船影があった。

初めに魚雷艇を見つけたのは、見張りの川口多三郎二等兵曹だった。

「魚雷艇らしきものを発見、二千メートル」

と叫んだ。花見は間髪をいれず、

「総員、配置につけッ」

と命じた。敵が魚雷を発射し、命中すれば一瞬にして轟沈である。それを防ぐには、突進し、魚雷艇に正面からぶつかることだった。

衝突の打撃で魚雷が爆発すれば、こちらも一巻の終わりである。もはや一か八かである。

「取り舵いっぱいッ」

と土井一人操舵長に命じた。

土井もそれしかないと判断していた。土井は即座に左に舵を切った。

天霧はまっしぐらに魚雷艇に向かった。

その直後、魚雷艇が天霧に激突し、火を噴いて後方に消えていった。胆を冷やす激突だった。幸いなことに魚雷は爆発しなかった。

奇跡だった。

花見は咽喉がカラカラに乾いていた。

機関に損傷があったかも知れない。不協和音が聞こえた。

戦後、見張りの川口は「二千メートルはなかったようだ。見張りを間違えた」と述懐した。

『PT109』の著者、ロバート・ドノヴァンは戦後、来日し、天霧の乗組員二十数人にインタビューし、その日のことを再現している。

真っ二つ

八月一日夕刻にレンドバ基地を出撃した魚雷艇PT109は、深夜、コロンバンガラ島とギゾ島の間のブラケット海峡を哨戒中だった。

前部甲板の三十七ミリ砲の横にロス少尉が立っていた。少尉のうしろには舵輪を握る艇長のケネディ、その右横にはマグワイアがおり、マグワイアの上にある前部銃座にはマーネーがいた。

艇長席の外の甲板にはトム少尉がいた。アルバートは艇の中央で見張りについていた。皆、夜の闇に目を凝らしていた。

非番のハリスは娯楽室の天蓋と右舷の魚雷発射管の間の甲板で眠っていた。カークセイは右舷の艫《とも》で横になっていた。交代で寝なければ体は持たない。

花見が魚雷艇を発見した直後のことだった。

「二時の方向に船がみえます」

と前部銃座のマーネーが叫んだ。

ケネディは右舷に暗闇の中から動く物体が、飛び出してくるのを見た。

駆逐艦だとケネディは直感した。魚雷を発射するには近すぎた。駆逐艦はあきらかに魚雷艇に向かって来ていた。

速力を増すと白波が立って、敵に発見されやすい。そこで減速してゆっくり走っていたのが裏目に出た。

「全員配置ッ」

ケネディは無我夢中で叫び、速力をあげて駆逐艦をかわそうとしたが遅かった。

前部甲板ではロスが砲弾を鷲摑みにして、狂気のように三十七ミリ砲の中に押し込もうとしたが、これもだめだった。

「グワン」

とものすごい衝撃で駆逐艦がめりめりと食い込み、魚雷艇は真っ二つに分断された。

全員が跳ね飛ばされ、何人かは海に転落した。前部銃座にいた新顔のハロルド・マーネーは激突の衝撃で押しつぶされ、行方不明になり、ケネディは艇長席の後部の壁にはね飛ばされ、以前に傷めていた背骨をひどく打った。

燃える海

銃座は粉砕され、ケネディは巨大な駆逐艦の船体が自分の横をよぎり、魚雷艇を二つに引き裂いていくのを見た。

火は魚雷艇を包み、何人かは両手と顔に大火傷を負った。それは身を焦がす熱の火炎地獄だった。海に落ちた乗員たちは、必死で水面に浮かび上がろうともがいた。

海面に流れたガソリンに火がつき、火の勢いは数キロ離れた丘の上からも見えた。眠っているところをいきなり海の中へ叩き落とされたジョンストンとマクマーンの二人は重い陸軍の靴をはき、鉄カブトをかぶり、水兵服にズボンと靴下を身につけ、救命具を着込んでいた。

驚いて見上げると、駆逐艦の甲板にいる日本水兵の姿も見えた。

皆、力を振り絞って水面に浮かび上がり、あえぎながら、両手で水面を叩いた。

ジョンストンはこれが最期かと思った。その時、妻のナタリーの顔がチラと浮かび、生きなければと必死にもがいた。

ボートの半分は、すぐには沈まず浮いていた。ケネディは生存者を数えてみた。四人の乗組員が、こわれた艇にしがみついていた。そしてすぐ近くの海中には六人が泳いでいた。その中の一人、機関兵曹のパット・マクマーンは大火傷をしていた。砲手のチャールズ・ハリスは、衝突のとき片方の足を怪我し、浮いているのがやっとだった。

ケネディは自分の痛みも忘れて、海中にとび込み、この二人を次々に助け、浮かんでいる艇に引き上げた。

彼らには食糧も水も医療品もなかった。

幸い海は穏やかでなんとか泳ぐことが出来た。日本軍が占領している島がまぢかに見えたが、そこに流れ着いたら殺されてしまう。

ケネディは北西の方向に見える小島に向かって泳いだ。そこまでの距離は三マイル、約四・八キロ、負傷者を連れて、小島まで泳ぐことは至難の業だった。

ケネディはマクマーンの救命具からたれ下がっている二本の長い綱を口にくわえ、彼を後に引っぱりながら泳いだ。十五時間の苦闘ののち、彼らは小さな島の珊瑚礁に着くことができた。奇跡に近かった。

無人島

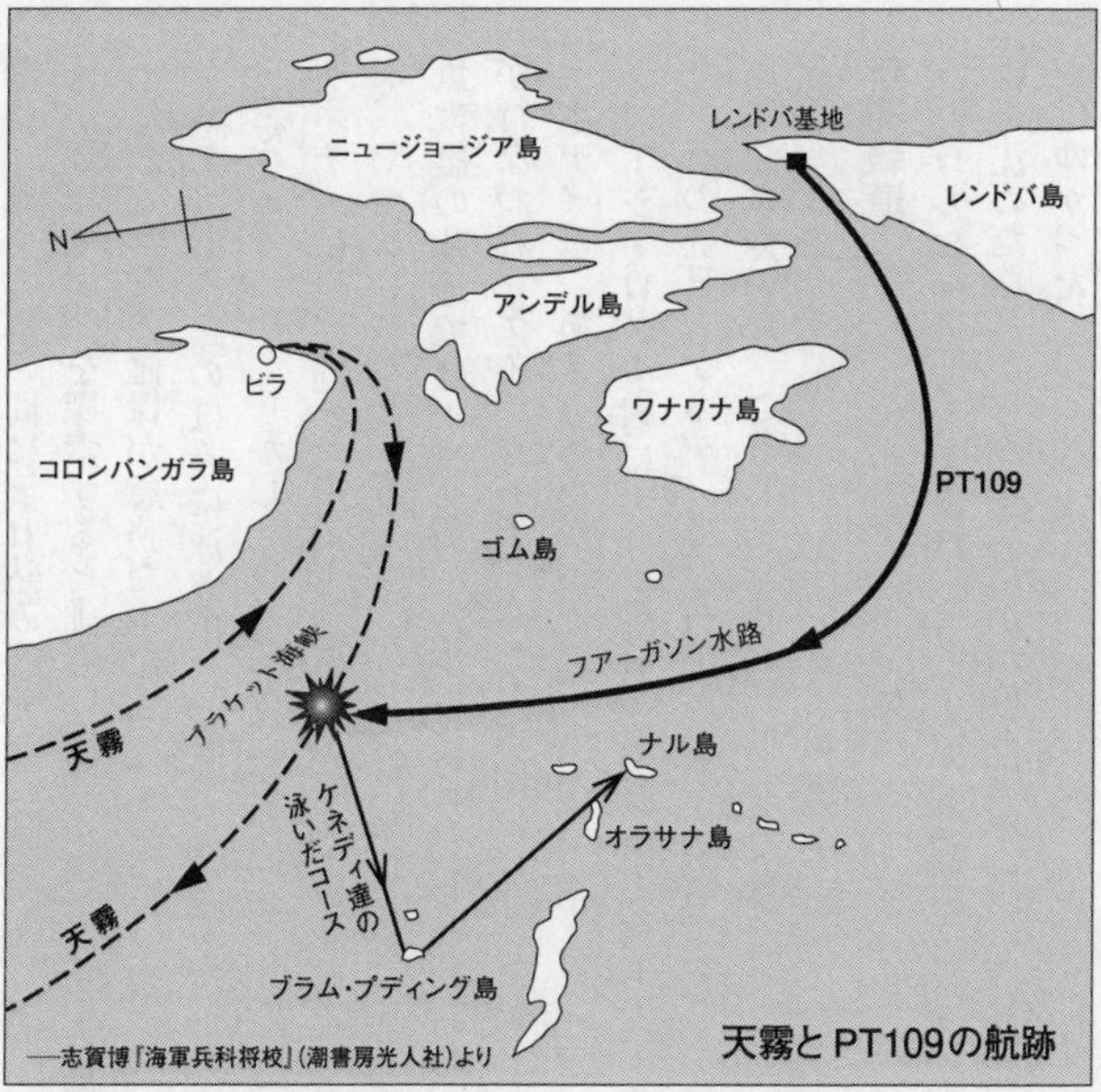

天霧とPT109の航跡

──志賀博『海軍兵科将校』(潮書房光人社)より

天霧と PT109 の比較(同一スケール)

駆逐艦天霧　排水量1980t(公試)、全長118.5m、速力38kt(70.4 km/h)、12.7cm連装砲×3、三連装発射管×3

PT109　排水量 56t(満載)、全長24.4m、速力41kt(75.9km/h)、発射管×4、20mm機銃×1、12.7mm連装機銃×2 基、37 mm砲 ×1

全員、椰子の木の間に倒れ込み、死んだように眠った。目が覚めて周囲を探索すると誰もいない。ここは無人島だった。とにかく食糧の確保が急務だった。

ケネディは水路のほうに泳ぎ出て、味方の艦艇が通りかかったら光で合図して救出してもらおうと考えた。しかし一隻の船も通らなかった。

ケネディは岸に向かって引き返したが、潮流が速くなり、島に戻れない。ぐるぐる回った末、やっともとのところへ戻ることが出来た。実に危なかった。

魚雷艇の基地では十三名の生存は見込みなしと判断し、PT109の乗員のために追悼式が行なわれ、ケネディも戦死したと本国に通報された。

ケネディは、あきらめなかった。

ジョージ・ロス少尉に「今度は君がやれ」と命じた。ロスがトライしたが、成功しなかった。その翌日、ケネディは全員で泳いで次の島に移った。翌日、ケネディは住民がいるナル島に泳ぎついた。こうして全員が救助された。

新聞報道

ラバウルに帰港した天霧は、ラバウル報道班クラブの取材を受けた。花見は戦艦とか巡洋艦を沈めたならともかく、たかが魚雷艇ぐらいで、という気持がどこかにあり、何となくおもはゆかった。

取材は海軍の報道担当者が通報したのだった。取材の模様は昭和十八年八月四日付の全国の新聞に掲載された。

敵魚雷艇乗切る

暗夜のベラ湾精悍わが水雷戦隊

［〇〇基地特電二日発］

去る七月五日のクラ湾作戦、同十二日のコロンバンガラ島沖夜戦に殊勲をたてた帝国水雷戦隊所属の駆逐艦はその後も引き続き同方面の敵艦艇および輸送船団の攻撃並に我が陸上部隊に対する増援補給に昼夜を分たず奮戦を続けてゐるが、二日未明コロンバンガラ島西方海面ベラ湾附近に於て咫尺《しせき》を弁ぜぬ暗夜の海上に敵魚雷艇三隻と遭遇、我駆逐艦はその一隻を真向から高速を以て乗切り、これを咄嗟の間に海底に葬った。

かくの如く駆逐艦をもって敵艦艇を乗切ったのは大東亜戦争始まって以来これをもって嚆矢《こうし》とするもので、我が水雷戦隊の精悍無比《せいかんむひ》振りを遺憾なく示したものであった。

報道管制の厳しい戦時中のことである。基地名はもちろん艦名も伏せられていたが、天霧の武勇をたたえたものだった。花見は戦後、

「基地で従軍記者諸君に〝戦果〟を発表したのは私だった」

と語っていた。

しかし、駆逐艦天霧の活躍もここまでだった。ラバウルは孤立し、その後の戦況は日本にますます厳しいものとなっていった。コロンバンガラ島も十月三日を期して友軍の撤退が行なわれ、駆逐艦と大発で一万二千人の部隊をブーゲンビル島へ運んだ。ガダルカナル島に続く撤退だった。

ゴミ箱の町

相次ぐ敗戦で、各社の記者も幕切れを感じていた。六月を過ぎると、米軍の空襲は本格化した。ソロモン群島やニューギニアの前進基地を整備し、堂々白昼攻撃に来るようになった。

味方の戦闘機は、その応戦にいとまがなく、攻撃に出かけるどころか、すっかり受け身の態勢になっていた。

湾内に停泊している船も空襲の度に傷つき、潜水艦は空襲になると海に潜ってすごした。

飛行場はもちろん町も破壊され、美しいラバウルの町もゴミ箱のように汚くなっていた。変わらないのは、黄金のすずに似たキナの花、香り豊かなジャスミンの花だけだった。

町の住民は、どこか安全な森の中に避難してしまい、人数の減った華僑の町は、死の町と化してしまった。

艦隊はトラック島に逃げ出したが、陸軍の兵士は数万人がとどまっていたので、兵隊用の宿舎や士官の休憩所は増設されていた。

日映写真報道班の吉田一も、どうしようかと思っているところに、東京から日本への帰還命令が出た。送別会を開いてくれる人もいないので、最後の夜は女の宿で過ごした。

寂しい別れ

あまりなじみでもない女の部屋で生ぬるいビールを、吉田はひとりで飲んでいた。女はすこし前の空襲で、爆弾の破片を足に受け、まだ起きられず床に横になっていた。

「明日かえる」

と吉田がいうと、女は、取り残される寂しさに、口数も少なく、ただ吉田の飲み口をじっと見つめていた。

そのとき、待っていたかのように空襲警報が鳴りだした。廊下を走り、庭に出てゆく足音が、ひとしきりうるさかった。

起きられぬ女は諦めていた様子だった。吉田がどうするか見ているようだった。

吉田は飲み干したコップをテーブルにおいてたちあがり、細い女のからだを抱きあげると、

「すみません」

と女は小さな声で礼を言った。

細々とした女のからだは、思ったより重かった。暗い庭を通り抜けながら空を見あげると、数本の光が敵機を捉えていた。

女を背負い防空壕に入ると、女や客が吉田を見た。明日も空襲があるだろう。この女は

どうするのだろうか。吉田はつらい気持になった。

空襲がやみ、吉田は女を背負い、もとの布団に寝かせた。いつまでもここにいるわけにはいかない。吉田は出発の準備があるからと立ち上がった。

「体に気をつけろ」

「すみません」

「なるべく早くかえるんだな」

女はそれに答えず、布団の襟に顔をうずめた。悲しい別れであった。

翌朝、吉田は海軍の飛行機に便乗して東京に向かった。

硫黄島を飛び越し、小笠原を右に見て、三宅島を越えると富士山が見えだした。ラバウルで命を落とした大勢の若者たちの怒り、悲しみ、苦痛、激怒、吉田は胸がつまり、風防ガラスをいっぱいに広げ、かぶっていたヘルメットを、思いっきり窓の外に投げ飛ばした。

太平洋の決戦場と信じて、ガダルカナルの争奪戦から一ヵ年半にわたり死闘をくりひろげてきたラバウルも、実に寂しくなった。

軍艦も飛行機もトラック島に引き上げてしまった。空を支配するのは星のマークの米軍機である。定期的に飛んできて爆弾を落とした。

しかし、ここに残ってラバウルを死守する兵団がいた。陸軍大将今村均《いまむらひとし》を司令官とする陸海軍合わせて九万余の兵たちだった。

第九章　ラバウル要塞化

孤立無援の籠城

今村均大将は第十六軍司令官として現在のインドネシア（当時のオランダ領東インド）を攻略する蘭印《らんいん》作戦を指揮した人物で、陸軍の最精鋭、空挺部隊を率いて日本の最重要戦略目標であるパレンバンの油田地帯を制圧。また十日たらずで九万三千のオランダ軍と五千の米英軍、オーストラリア軍を降伏させた人物である。今村は、

「八紘一宇《はっこういちう》というのは、同一家族同胞主義であり、侵略主義ではない」

とし、オランダによって流刑にされていたインドネシア独立運動の指導者、スカルノとハッタらを解放し、各所に学校の建設を行ない、現地住民の慰撫に努めた。また占領地のオランダ人に外出も自由に認めるなど、寛容な軍政を敷き、人気があった。

南方を奪還されれば石油も鉱物資源も失われる。ラバウルが頑張れば、米軍は南方には侵攻できないと今村は考えた。しかし内地からの補給を完全に断たれ、文字通り孤立無援の

中での籠城だった。

米軍をひきつけ、最後の一兵まで戦うべしという過酷な命令だった。はっきり言えば、玉砕せよということだった。

今村はそれが自分の任務と考え、数々の秘策を練った。

戦闘訓練はもっぱら戦車に対する肉薄攻撃に絞られた。

兵器はドラム缶を切って火薬をつめた対戦車爆雷である。火薬は飛行機の爆弾から取り出した爆薬だった。

第八方面軍司令官・今村均大将

また落下傘やグライダーで降下してくる敵を想定しての戦闘訓練や、酸素ボンベを改造した砲身から爆弾を撃ち出す爆弾砲という兵器も考案された。

水際にはガソリン火焔装置を敷設した。高所から転落させるガソリン入りドラム缶の炎上装置、水際洞窟内の水雷砲台など敵の意表をつく攻撃装置も考案した。

これで米軍に対抗できるとは誰も思わなかった。なぜなら米軍は徹底した空爆で臨み、ジャングルを丸裸にし、それから何日か艦砲射撃を加え、水陸両用戦車で上陸作戦を展開するやり方だったからである。落下傘で降りるなどはあり得ないことだった。

「どうせ死ぬんだ」

と古参兵は身が入らず、食糧増産に精を出した。

農園を開く

人間、食糧がなければ、一日とて生きることは困難だった。そこで農園を開き、芋や野菜を栽培した。

軍隊には大勢の職人がいた。農家の次三男はゴロゴロいたし、大工、左官、味噌醤油屋、酒造りの職人、金物屋と多彩だった。酒、紙、煙草、火薬、塩、味噌、石鹸、織物機械、なんでも作ることができた。

技術者もいたので火力発電所までつくりあげ、電気も通した。病院もつくり、ラバウル新聞も発行した。

米軍は一向に攻めてくる様子はなく、皆拍子抜けだった。

朝の点呼の時、小隊長は新聞を読み上げた。今村長官はただの軍司令官ではなかった。教養豊かで博学多才、実行力に富む人物だった。ラバウル県の知事といった方がぴったりだった。

海軍の残存部隊も陸軍に倣い、姉山山麓に大きな洞窟を掘り、ここに南東方面艦隊司令部を移し、長官室、作戦室、戦闘指揮所も完備した。

郊外のジャングル地帯の谷間に、四百名を収容する設備の整った大病院を構築した。しかし医薬品は造れず、マラリア対策は焦眉《しょうび》の急だった。

水が少なく、風呂に入れないなど問題は多々あったが、太平洋の戦場では、唯一、現実離れしたところがラバウルだった。

キニーネ作戦

耐乏生活で最もこまったのは、マラリア対策だった。飢餓にはある程度耐える力はあったが、マラリアとの闘いにだけは、勝てなかった。

マラリアは四十数度という高熱に冒されるのが特長で、栄養失調の状態でこれに罹ると体力も気力も一瞬にして失われ、戦わずしておびただしい貴重な生命が奪われていった。

そのころ赤道を北に越えたトラック島には、ラバウルへ輸送途中の特効薬、キニーネが山と積まれていることが分かった。

だが、これを輸送する飛行機はもちろん、船舶さえない。制空、制海権を敵に奪われている。一体、誰が何によって、この薬を運んでくるかが問題となった。

「飛行機を作って運ぶべし」

期せずしてこの重責が今村司令官から雄飛嶺の残留飛行部隊に課せられた。

隊員たちは、ジャングルを踏みわけて、各飛行場にでかけさまざまな機種の残骸を集めて、雄飛嶺工場に送った。だが満足な工作機械も設計図もない。いわば無手勝流だった。

試行錯誤

整備兵たちは、こちらの飛行場から胴体、次の日は北の飛行場から黒こげになったエンジンの部品を運んで、飛行機の組み立てをはじめた。

だが出来上がった飛行機の試験飛行はどうしても危険な昼間、敵機の哨戒の合間を見て決行しなければならなかった。

このため敵機に発見され、爆撃や銃撃によって焼かれることもあったが、整備兵たちはくじけず、試行錯誤をくりかえし、飛行機の製作に励んだ。

病魔に苦しむ将兵を一刻も早く救わねばならない。そして決戦の日に備えて一人でも多くの兵力を温存しなくてはならない。

マラリア特効薬を求める、ただそれだけのために隊員たちは飢えと灼熱に耐え、上空の敵に細心の注意を払いながら、捨て身の突貫工事で進め、二ヵ月余りで命の綱と頼む一〇〇式司令部偵察機が出来上がった。試運転も試験飛行の結果も上々だった。

「そうかできたか」

今村も大喜びだった。

やがて全将兵の期待を担った偵察機は危険を冒してトラック島を往復すること三回、貴重品、キニーネ剤五百万錠を無事運び、その任務を達成した。

日本雄飛会編『ああ少年航空兵』（原書房）と白根雄三『ラバウル最後の一機』（日本文華社）に詳しい記述がある。

誤解

米軍はラバウルの残留部隊を恐れていた。

しかし、ラバウル海軍航空隊は昭和十九年二月二十日、多くの国民が知らない間に苦闘二年一ヵ月の幕を閉じて全機、トラックに向かって飛び立っていた。従ったのは一式陸上攻撃機四機、九七式艦上攻撃機五機に過ぎなかった。まさかと思うほど少ない数だった。日本海軍航空隊は、壊滅していたのである。

米軍はそうは思っていなかった。ゼロ戦をジャングルのどこかに隠しているとにらんでいた。本来ならばこの辺で止戦工作を始めるべきだった。

南太平洋に軍隊を展開する能力など日本にはなくなっていた。船舶による輸送は米軍の航空機、あるいは潜水艦によって、ずたずたに寸断され、飛行場もすべてうしなっていた。

米軍は、これほどまでに日本軍が落ちぶれていたとは思わなかった。

「下手に構わぬほうがいいだろう」

と南西太平洋方面連合国最高司令官のマッカーサー大将が判断し、米軍はラバウルを素通りした。

そうとは知らず、今村はマラリアの心配がなくなったことで、食糧の自給自足態勢を打ち出し、島内に大量の田畑を作るよう指導した。

今村自身も率先して畑を耕し、米軍の空爆と上陸に備えるため強固な地下要塞を構築し、病院、兵器や弾薬を生産する工場まで作った。

ただし敵機の偵察や爆撃、銃撃は日常茶飯事で、せっかく密林を切り開いて作った畑さえもやられる始末だったが、懲りずに開墾を進めた。

川に近い隊では、蝦《えび》や鰻《うなぎ》を取ることができたので他の隊から羨ましがられた。鰻は日本では考えられないほど太くて大きく、兵士の中には大きなミミズを糸に通して輪を作り、上手に鰻を取る者もいた。しかし、味は日本のものとは違い大味で、脂肪が少なかった。

玉砕覚悟

今村は米軍が本格的に攻勢をかけてくれれば、一ヵ月も持たないことは百も承知していた。

今村は飛行便があったころ、部下である第八方面軍司令部参謀井本熊男《いもとくまお》が参謀本部に転出する際、ラバウルの実情を参謀本部に伝えるよう命令した。

井本は山口県出身、陸士、陸大を経て参謀本部作戦課、支那派遣軍総司令部参謀、参謀本部勤務を経て、今村のもとに派遣された若手の参謀である。

「必ずお伝えします」

と井本が約束した。

井本はラバウルに来て一年、ガダルカナルの大惨敗をこの目でみて、大本営がいかに誤った指導をしてきたかを痛感した。

このままでは日本は敗れる。井本はそう実感した。

東京ではガダルカナルの撤退作戦を成功させたと自画自賛していたが、現地で井本が見たのは、撤退ではなく置き去りだった。

全員が栄養失調とマラリアで、骨と皮ばかりの病人になっていた。大腿部など腕の太さで、満足に歩けないものばかりだった。

食べ物も与えず、ジャングルを強行軍させ、突撃を命じ、意味もなく殺していったのではないか。井本は慙愧《ざんき》にたえなかった。それが帝国陸軍の実態だった。後年、井本は『作戦日誌で綴る大東亜戦争』（芙蓉書房）で、こう記述した。

大本営では撤退ではなく、玉砕させるべきだと感じているものがいた。これは不謹慎極まりない恥知らずの言辞である。もっとも深く反省すべきは、この計画を発動した洞察力のない先の見えぬ大本営である。

思えば昭和十七年十一月、第八方面軍司令部が編成せられ、ガ島の奪回、ポートモレスビーの占領の任務を与えられてラバウルに進出した時、すでに今村方面軍司令官の任務達成は不可能を要求されたものであった。

その後、次々と変化した任務を与えられる度ごとに、不可能度が加重したのであった。しかし、それに対して一言半句も実行を渋るような言動をすることなく、与えられた任務の遂行に全力を傾倒した。しかし如何に死力を尽しても、できないものはできない。

その無理をまともに負担するのは第一線将兵だった。今村将軍を最も苦悩させたものは、この隷下部隊の実情であった。

苦痛を共にし、聖者のような生き方に徹して一生を終ったことは万人の知るところである。戦争を起しかつ適当でない指導を行ない、ついに敗戦によって日本の変貌を招いた指導者に対しては、溢れる程の所見があったに違いない。しかしそれについては、一言半句も云う所はなかった。今村将軍は名将であり聖将であった。

井本はこう述べ今村司令官を激賞した。

戦術の違い

連合軍中部太平洋方面最高司令官のニミッツ提督は、太平洋の戦いの成否は、補給にあると考えていた。日本の連合艦隊司令長官の山本五十六は、いかにして空母や戦艦を叩くかを考えていた。到達点は同じなのだが、戦術が異なっていた。

日本には本格的な海上護衛隊はなかった。

シンガポールから門司まで約二千五百カイリ、四千八百キロのシーレーンを守る第一海上護衛隊の艦艇は、旧式駆逐艦十、水雷艇二、商船を改造した特設砲艦五隻だけだった。

横須賀からラバウルまで約二千カイリ、三千七百キロを守る第二海上護衛隊は旧式駆逐艦四、水雷艇二、特設砲艦一というお粗末さだった。

日本海軍には輸送船を護衛する発想はなかった。このため輸送船はアメリカの潜水艦に次々に沈められ、物資が窮乏した。

ＮＨＫ取材班編『日米開戦勝算なし』（角川文庫）に日本の戦争経済が破綻し、船の建造が追い付かなかった実態が描かれている。

アメリカは全米十八の造船所で輸送船を十日に一隻という割合で建造し、終戦までに二

ゆ(まるゆ)と称された陸軍潜航輸送艇。ガ島の戦いで補給に苦しんだ陸軍が独自に建造した小型潜航艇。写真は昭和19年、東京湾で試験中のゆ2001

千七百八隻、二千九百十八万トンを建造した。日本は、千三百三隻、三百三十六万トンと九分の一に過ぎなかった。

そのターニングポイントがガダルカナルだった。

陸海軍に亀裂

どこもかしこも負け戦だった。

陸海軍に亀裂も広がった。陸軍と海軍では戦闘の形が異なるので、共同作戦には限界もあったが、それにしても抜き差しならない対立が随所にあった。

その典型的な例が潜水艦だった。陸軍は潜水艦を輸送船として使いたかった。上陸作戦や食糧の運搬には好都合だった。

「冗談じゃない。我々は貨物船じゃねえぞ」

海軍は大反対だった。敵の空母や戦艦を雷撃で倒すのが仕事なのだ。

海軍から断わられた陸軍は、独自の潜水艦建造計画を練った。艦政本部の造船官が陸軍に呼び出され、「これは東条首相の命令だ」と設計図を引くよう命ぜられた。

艦艇専門の海軍でも、日露戦争直後から何十年もかかって、ようやく製造と運用を会得したというのに、「潜水艦を甘くみるな」と造船官を怒らせた。しかし東条首相の命令となれば、作るしかない。

造船官が陸軍側設計図を見ての説明では、これでは実際の役には立ちそうにもないから、陸軍から必要な資材を貰って、海軍であらたに設計をしなおし、急速建造に移した方が得策だと言ったが、陸軍は意地を張って自分で作ると主張した。乗組員の教育は海軍潜水学校に押し付けられた。

出来上がった潜水艦（陸軍潜航輸送艇：ゆ《まるゆ》と称した）は、三百トン程度のものだった。フィリピン方面等に出動したが、動かすのがやっとで、活躍はできなかった。

東条英機は総理だというのに、妙な縄張り意識を持ち出す男だった。

結局のところどうあがいても戦局の好転は望めなかった。原材料が不足し、飛行機も艦艇も製造はアメリカの半分以下に落ち込んだ。山本五十六が言ったように、日本の国力では二年戦うのがいいところだった。

天と地

米海軍が最も重視したのは太平洋艦隊補給部隊だった。その中のひとつである給油隊は、艦隊の洋上給油を専門にしていた。機動部隊は数隻のタンカーを従えており、これらのタンカーはそれぞれ燃料油八万バレル、航空機用ガソリン一万八千バレル、ディーゼル・オイル約七千バレルを積んでいた。

また補給隊は海上で弾薬、食糧、備品、航空機の補給と将兵の補充を行ない、艦船に郵便物を届け、重傷者を引き取って病院船へ運んだ。

補給部隊は環礁や島の入江などに水上基地を設け、あらゆるものをサービスする態勢をつくっていた。これは日本海軍にはないシステムだった。

情報戦略もしっかりしていた。ハワイに統合本部があり、そこには立案部、情報部、作戦部、兵站部があり、補給部隊は兵站部に所属、的確に動いていた。

すべての面で相手は上回っていた。

第十章　帰国

全員で哨戒

多くの駆逐艦が沈没するなかで、天霧はしぶとく走り回っていた。いつしか天霧に不沈艦の噂が立った。

日本海軍の駆逐艦は次々と空襲の犠牲になり、この七ヵ月間で、十七隻の駆逐艦がラバウルで沈んでいる。

花見はやかましい艦長だと、乗員には不平もあったが、僚艦が次々に沈んでゆくのを目のあたりにすると、天霧の乗組員たちは万全の準備があれば、沈まないと自信を持つようになった。

花見は全員が哨戒に当たるシステムを取り入れ、戦闘行動中は自室で休むものは一人もいなかった。

昨今、韓国で旅客船の大事故があったが、船長が自室に戻り仮眠中に事故が発生した。

修学旅行の高校生をのせていたのだ。信じがたい事故だった。

花見は米軍の空爆に備えて艦橋で仮眠した。ラバウル港内にあっても錨を海底に立たせる立錨《たちいかり》の状態にしておき、いつでも出港できる態勢をとっていた。

トラック島では油槽船吾妻丸を護衛したが、敵潜水艦の攻撃で轟沈した。五時間余りも救助活動を行ない、一人でも多くの船員を助けようと努力したが、敵潜水艦はいたるところに潜伏していて、完全な護衛は困難だった。

内地へ

昭和十九年（一九四四）一月九日、天霧は内地に帰る船団を護衛して、パラオを出港した。二月十二日、沖縄東方の海上に差し掛かった時、陸軍の上陸用舟艇母船にぎつ丸が米潜水艦の雷撃を受けた。後方で突然、水煙が上がり、船が停止した。

「魚雷だッ」

花見は爆雷を投下しながら、にぎつ丸の海面に向かった。にぎつ丸はまもなく右舷に傾斜しながら横倒しの状態となり、船尾から沈没していった。

にぎつ丸には陸軍暁七二九〇部隊、南部機械化独立工兵部隊その他の兵士千二百名が乗っており、皆、ばらばらに海に飛び込んだ。

天霧は他の船とともに約九時間で八百名ほどを救助したが、帰りの燃料を計算すると、それが限度だった。無防備な商船は敵潜水艦の餌食だった。

このころ花見の体調は最悪だった。何度か吐血した。肺結核の疑いがあった。花見は毎日、二時間くらいしか眠ることができず、心身の疲労が重なり、体は限度に来ていた。

軍医の診断で花見は台湾の高雄で退艦した。天霧と別れるとき、花見は涙がこみ上げ、ただただ乗組員に頭をさげ、手を振って別れた。これで花見の駆逐艦の勤務は終わった。

天霧は新艦長のもとシンガポールで作戦に従事したが、マカッサル海峡で米軍が敷設した磁気機雷に接触し、一時間後に沈没した。

魚雷を捨て、「君が代」を吹奏、軍艦旗を降ろし、総員退去が宣言され、全員が後部より海に飛び込み、巡洋艦青葉《あおば》に救助された。

昼間で海は静かだったので、百八十名が救助され、戦死者は少なかった。

これを聞いて花見は胸をなでおろした。

頭髪は真っ白

花見は横須賀に帰り、横須賀海軍病院で肺浸潤と診断され、鎌倉の自宅から通院して治療にあたった。体は痩せ、頭髪は白くなり、妻和子はびっくりした。

戦艦や巡洋艦は役に立たず、大艦巨砲は無用の長物となっていた。それに代わり、駆逐艦と潜水艦が戦闘から補給まで、大車輪の行動を強いられた。

戦争はまだまだ続くだろうが、日本軍は日々撤退を余儀なくされ、軍艦も輸送船も飛行機もどんどん失われ、もはや戦える状況ではなかった。

ガダルカナルから引き揚げて来た陸軍の兵士の話を聞いて、花見は絶対に勝てないと思った。食糧も弾薬もない。ただ殺されるだけの戦闘だった。

日本本土の空襲も日を追って激しくなり、食糧はなんでも配給制になった。和子は花見の体を考え、食糧確保のためにリュックを背負って大船周辺の農家に野菜の買い出しに行った。海が近いので漁師に頼んで、魚も買い求めた。米は会津から時々弟が運んで来てくれた。

隣組の防空演習に忙しく、神社の池から、手押しポンプで水をくみあげ、訓練した。

花見は七月初め、清水高等商船学校の教官となった。

無惨な商船隊

花見は商船隊がいかに大きな犠牲をはらっているかをよく知っていた。清水高等商船学校に来て改めて犠牲の大きさを知り愕然とした。

開戦二年で、五百八十四隻、二百三十二万八千六百三十八トンの船が沈んでいた。みな物資の運搬や兵員の輸送のために徴用された商船だった。

昭和十八年はソロモン群島を巡る激しい死闘があり、一月二十九日と三十日、レンネル島沖海戦、二月一日より七日、イサベル島沖海戦、四月七日、フロリダ島沖海戦、六月十六日、ルンガ沖航空戦、六月三十日より七月一日にはレンドバ島航空戦、七月五日、クラ湾夜戦、七月十二日、コロンバンガラ島沖夜戦があった。

ここで多くの商船が沈んだ。商船にはほとんど護衛がつかなかったので、潜水艦に次々に沈められ、船員の犠牲は膨大だった。

二月一ヵ月で五千トン以上の船が十七隻も海の藻屑と消え、それらは南洋海運、大洋海運、日本郵船、大阪商船、帝国船舶などの大手の船だった。

清水高等商船の学生は、こうした会社に就職した。

花見は何をどう話していいか戸惑った。

このままでは「死んでくれ」というのと同じであり、学生たちの純粋なまなざしを前にして、この戦争はどんな意味があるのか、疑問だらけだった。

半年後の昭和二十年二月一日からは横須賀鎮守府出仕となり、三月十五日付けで海軍水雷学校教官となった。

ここは海軍兵学校を出た学生が多かった。皆、死を覚悟の学生たちだった。

東京大空襲

二十年正月に入ると、東京空襲はますます激しくなり、鎌倉の上空を東京、横浜に向かうB29の大編隊が空を覆うようになり、毎日夜も昼も爆撃が続いた。

三月十日に東京大空襲があり、四月一日には米軍が沖縄に上陸した。花見は二十年七月頃からは水雷学校に泊まり込むようになった。日本の敗戦は秒読みだった。

しかし、軍首脳は本土決戦に狂奔していた。

予科練と特攻

花見はラバウルで海軍航空隊の搭乗員の技量が著しく低下し、飛び立ってみたものの帰還できない零戦が多くあることも知っていた。

駆逐艦乗りもそうだが、ちゃんと軍艦や飛行機を操作するには、きびしい訓練が必要であり、一年ぐらいの教育で戦闘機に乗せるなどは、もっての外だった。

にも関わらず海軍航空隊首脳は、多くの若者を予科練習生として集め、敵艦船に突っ込んで自爆する特攻訓練を始めていることに、納得いかなかった。

戦争を甘く見ていると怒りを覚えた。

昭和二十年に入ると、もはや誰も、勝目のある戦争だとは思わなかったが、負けるとも考えなかった。それがこの時の日本人だった。

神風特攻隊がもてはやされ、飛行機搭乗員を養成する飛行予科練習生に全国から生徒が殺到していた。

「武士道とは死ぬことと見つけたり」

という言葉が蔓延し、有名中学の生徒が競って予科練を志願した。それは熱病のようなものだった。

「棄てよ、白線、短剣の夢、我らこぞって国難に殉じて、大空に散華しよう」

と呼びかけた。

白線は旧制高校、短剣は海軍兵学校の象徴である。旧制高校や海軍兵学校にはいかずに、予科練に入り特攻隊員になって国に殉じようという呼びかけだった。

「早い、早い、じっくり考えたまえ」

花見は思った。

貴様と俺とは　同期の桜
同じ航空隊の　庭にさく
咲いた花なら　散るのはかくご
みごと散りましょ　国のため

胸をかきむしられるような歌だった。

これを若者たちは歌って戦場に向かった。

「待っているぞ、靖国神社でな」

という言葉もはやった。

敗戦、帰郷

やがて広島、長崎に原爆が投下され、ソ連が参戦、日本は無条件降伏した。

「耐えがたきを耐え……万世の為大平を開かむ」

という昭和天皇のお言葉を、花見は直立不動で聞いた。

このような大きな犠牲を払った太平洋戦争とはなんだったのか。くやしさ、悲しさが去来し、言葉もなかった。願わくば原爆投下前に降服すべきだった。

九月二日、アメリカの戦艦ミズーリ艦上で降伏調印が行なわれ、日本は完全に敗れ去った。

花見は妻とともに故郷の福島県耶麻郡塩川町に帰った。年老いた父母は健在で、帰ったことを喜んでくれた。

幸い田畑があった。農業の経験は全くなかったが、やってやれないことはあるまいと考えた。

農地は全部、他人に貸していたので、いったん返してもらい、改めて再配分すると約束した。

やがて農地改革が始まり、不在地主は廃止されることになった。花見は上の弟と一緒に田畑を全部耕作することにしていたので不在地主とならず、農地を確保することができた。

花見は四ヘクタール（四町歩）、下の弟が二・五ヘクタール（二町五反歩）を確保し、数ヘクタールを近隣の農家に貸すことにし、残りは政府買い上げとなった。二足三文の金額だった。

昭和二十一年七月、妹夫妻が満州から無事引き揚げて来た。満州引揚者の苦労は大変なもので、妹は幼児を一人亡くしていた。

陸軍軍人だった弟侃はまだ帰国しなかった。

一年生農家

農業は馬を飼い、脱穀、籾摺りなどの機械を買い整えることから始まった。馬が来たときは、家族が増えたような喜びを感じた。馬は手入れが大変だった。そんなこととは露知らず、いささか単細胞だった。

驚いたことは、妻が馬に乗ることだった。妻の父は陸軍軍人だったので馬に慣れていたのである。くつわをはめることなど平気だった。

会津若松の古道具屋から乗馬用の鞍を買って来ると、馬に乗って馬洗い川に連れて行き、洗ったりしたので、たちまち村の評判になった。

妻の方が村では有名だった。

田植え、稲刈り、近所の人々のお世話になった。田植えの頃は日が長いので、三、四日くらいで終わるように、延べ百二十人くらいの人に手伝ってもらった。

除草が終わり、夏の農閑期に入り、そして馬の干し草刈り、稲の穂もたわわに実り始め秋の収穫期を迎える。

稲刈りも人に頼んだが、脱穀、籾摺りは人力では無理なので、東京に出かけて中古のモーターを買い求めて動かした。

こうして花見一家の百姓一年生も、どうやら一年目を終わることができた。

「なんとかなるわ」

妻の言葉がありがたかった。

GHQからの電報

昭和二十六年（一九五一）に講和条約が成立（発効は翌年）、ようやく占領は解除され、日本も国際社会の中で一人前に扱われることになった。

その前年の二十五年、朝鮮戦争が始まった。

その直後のことである。GHQから電報が来た。

「直ちに出頭せよ」

と、かなり強圧的なものだった。

上京してみると、アメリカ海軍の手伝いを求められた。

花見は海軍兵学校時代、英語の成績が抜群だった。日常会話もできた。アメリカ海軍は花見のことを調査していたと見え、その後も粘り強く花見に接触してきた。

駆逐艦に関する専門技術も買われたのだろう。

「アメリカのために働くなんて絶対だめよ」

と妻が叫んだ。

無論、これも断わった。しかし、GHQに出入りしたことで、連合国軍最高司令官として日本占領の最高責任者となったマッカーサーの日本観を知ることができた。

マッカーサーは日本の兵士は頑強できわめて優秀な集団だったと評価していた。

ただし日本の将校は、上級になればなるほど質が落ちる。これが日本軍の弱点だと語っていた。

よく見ていると花見は感心した。また次のようなことも述べていた。

無責任な参謀

軍人たちは国家をがんじがらめに縛り付けておきながら、日本の資源を組織的に活用するだけの想像力も、情勢判断も、能力もなかった。日本の民衆は軍部に対して偶像崇拝に近い感情をいだいていたが、すべて裏切られたとこき下ろしていた。

痛いところを突かれたと花見は思った。花見の体験から言っても、陸軍にせよ海軍にせよ、参謀たちの無責任さは目に余るものがあった。

実弟も陸軍大学校を出た参謀だったので、人の事ばかりは言えないが、戦闘の現場を知らず、観念論で戦争指導をしていた。

太平洋戦争の二年前にノモンハン事件が起こった。アメリカの歴史家アルヴィン・D・クックスの『ノモンハン〈上下〉』(朝日新聞社)を読むと、日本陸軍の戦法は火炎瓶による肉弾攻撃だった。ソ連の戦車に爆雷をかかえて突っ込んだのである。

大型戦車を持つ機甲師団、戦闘機、爆撃機の大々的な投入の時代に入っていたが、日本軍は、ただただ「突っ込め」と命令され、機銃で撃ち殺されていった。食糧、弾薬、医薬品も極端に不足していた。にもかかわらず退却はゆるさず、玉砕せよと命じた。この戦法がそのまま太平洋戦争に持ち込まれた。

二度の惨敗

戦争自体が間違っていたのか、それとも作戦が間違いだらけだったのか。戦後のある時期、花見の頭の中は、そうしたことでいっぱいだった。

会津の人間は二度、惨敗を体験した。会津戦争と今次の太平洋戦争である。

会津戦争もひどいものだった。槍と刀で薩長の軍隊に突進していった。ガダルカナルと同じだった。

それでも会津人は悔いてはいなかった。薩長は不正義で、我らは正義だという自負心があった。それをバネに戦い、戦後も会津の復権に尽力した。

だが今次の戦争では、何が戦いの大義名分だったのか、はっきりせず、原爆まで投下されて米国に屈した。

どこに問題があったかと言えば、負ける戦をしたことだった。

ノモンハン事件で、旧式の装備では戦えないことがわかっていた。にもかかわらず、何ら改善されていなかった。

『戦史叢書』を見ると、花見が苦闘した南太平洋の戦争だけで海軍は五十六隻の軍艦を失い、五万トンの商船が海の藻屑と消えた。はっきりした数字はないが、艦載機約三百、陸上の航空機約六百機を失い、搭乗員が二千三百人も失われた。燃料はあと百万トンしかなかった。

原因はなんだったのか。

「南雲機動部隊は天下無敵だ」

「ドイツは絶対負けない。イギリスが敗れ、アメリカも手を上げる」

日本海軍の参謀たちはそう言っていた。

だが実態は世界情勢に疎く、米海軍に対する情報収集能力も低く、すべからく井の中の蛙だった。

戦艦大和

日本海軍の合理性欠如の最たるものは、最後の悪あがきとなった戦艦大和の沖縄特攻出撃だった。

航空機の護衛なしで出かけ、三千人以上の乗組員を無駄死にさせた。

昭和十九年（一九四四）の末ごろから、日本は特攻が唯一の作戦になっていた。

これは世界の戦史でも例がない非人道的な作戦であり、多くの若者が敵艦に体当たりしていった。戦艦大和にも特攻の命令がくだった。

大和以下の艦艇を率いて出撃する第二艦隊司令長官、海軍中将伊藤整一には乗組員三千三百余り、随行する艦艇を加えると七千人の部下がいた。

この作戦にどれだけの意味があるのか。伊藤は反対した。その伊藤も、

「一億特攻の魁《さきがけ》となってもらいたい」

という軍令部の命令には逆らえなかった。

伊藤が最後に示した判断は、大和と軽巡洋艦矢矧《やはぎ》に乗り組む少尉候補生への退艦命令であった。有為な若者を残し、彼らに日本の再建を託したい。伊藤はそう考え決断した。それが精いっぱいの抵抗だった。

有意な人材三千人を見殺しにする大和特攻作戦などあってはならないことだ。伊藤の抵抗を聞いた時、花見は号泣した。

戦後、一億総懺悔《ざんげ》が叫ばれ、日本人過ち論が論調の主流を占めた。そして日本人は自信を失い、ペコペコ謝る国民になってしまった。

すべて日本が不正義だったのか。日本にも正義があったはずだ。花見は悔しかった。戦争に負けたことは事実だが、日本人の魂まで失ってしまっては、日本の復興は程遠い。

歯を食いしばって、それぞれの道で頑張るべしと、花見はそう考えていた。

それにしても日本軍の戦い方には合理性がなかった。国民の生命財産を守るべき軍隊が、国民の生命財産を奪い、幾多の犠牲をしいてしまった。猛省が必要だった。

花見は土地を耕し、食糧を生産するという古来からの人間の営みを通じて、自分も生まれ変わり、戦後の日本のお役に立とうと考えた。

第十一章　ケネディとの友情

調査依頼

昭和二十六年（一九五一）のことである。

当時、下院議員であったケネディが所用で来日し、親しくしていた日本外政学会理事長の細野軍治博士に、

「自分の乗っていた魚雷艇を撃沈した駆逐艦の艦長を探してほしい」

と依頼して帰国した。

細野はケネディと懇意の間柄で、のちにケネディの伝記も書いた人物だった。細野は復員局やその他を調べ、その艦長は花見であると突き止め、花見に知らせて来た。

花見は、はじめなんのことか分からなかった。日時、場所が明らかになるにつれ、ようやく魚雷艇と激突したことを思い出した。

「そういえば、確かにありました」

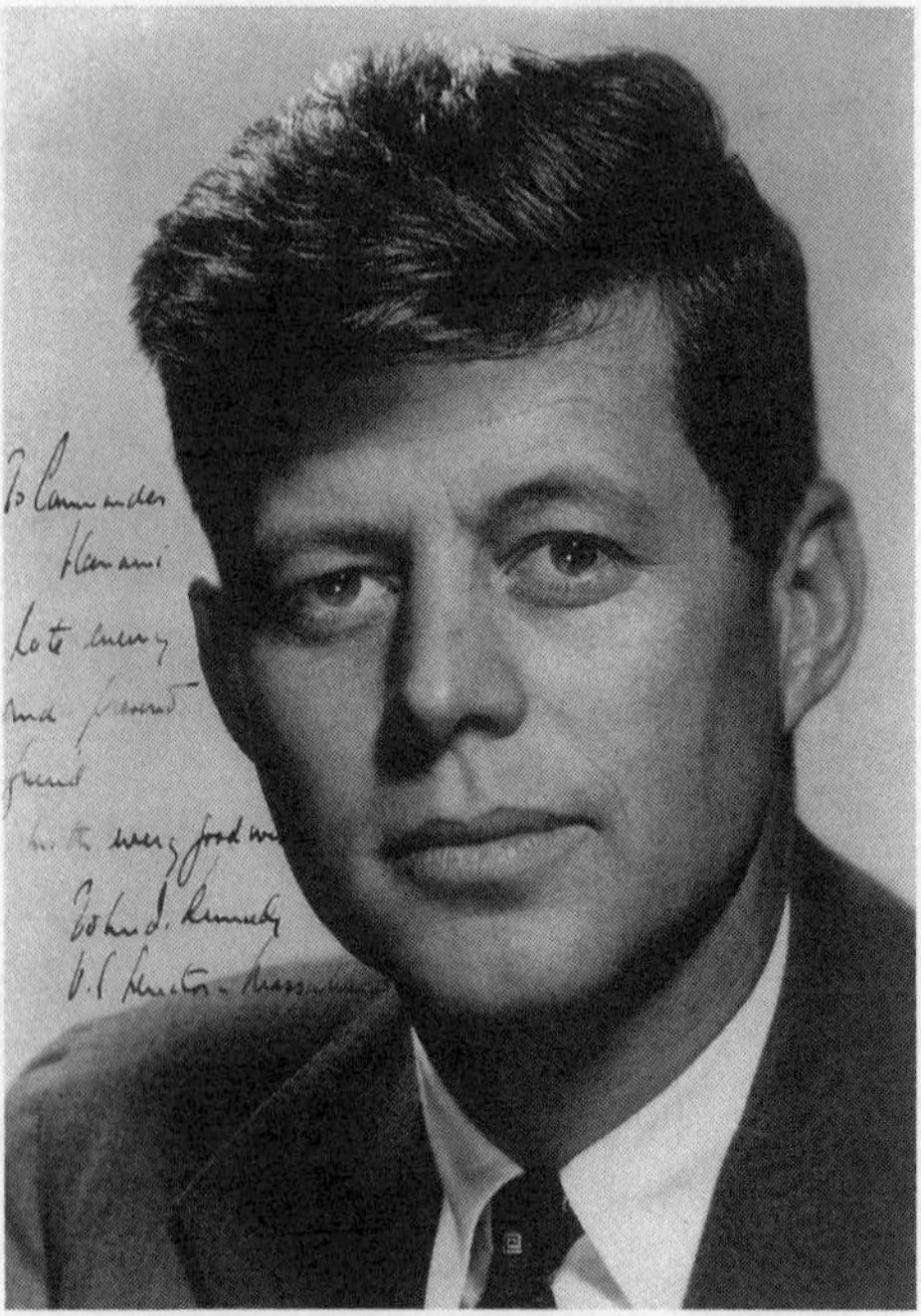

昭和28年、上院議員に当選したケネディから花見に送られた写真。「昨日の敵は今日の友」と書いてある

と花見は答えた。

当時のケネディは、まだ知名度はそれほどなかった。

昭和二十七年、ケネディは上院議員の選挙に立候補した。

「激励の手紙を送っていただけませんか」

と細野から要請があったので、花見は激励の手紙と自分の写真、天霧の写真を送った。

それが米国のマスコミに報道された。勇敢に戦い、かつ部下の命を救った太平洋戦争の英雄としてケネディは有名人になり、選挙戦はがぜん有利に展開した。

当選直後、ケネディから花見に感謝の手紙があり、写真が添えてあった。その写真には、

「昨日の敵は今日の友」

と書かれてあった。

花見は、ケネディの言葉に感動を覚えた。

世界は大きく変動していた。

アメリカとソ連が対立し、民主主義か共産主義かで、世界は揺れていた。朝鮮半島は南と北とに分かれ、激しい戦争にまでなった。ドイツも二つに分断された。

日本はアメリカの統治下に入ったが、戦争が長引けばソ連がさらに侵攻、北海道や東北はソ連の統治になる可能性もあった。そうなれば東北は共産主義社会だった。

自由主義社会の方が、はるかによいと、花見は思った。

花見の手紙

この上院選の時、花見は英文で次のような手紙をケネディに書き送っていた。海軍兵学校時代、花見の得意学科は英語だった。（本章収載の花見とケネディの手紙は、花見和子著『夫・弘平との六十年』より）

小生、一九四〇年十月より駆逐艦長の職にありましたが、当時国際情勢の悪化に伴い、日本海軍は、着々と戦備を整えて居りましたが、日米会談により、平和裡の難局打開を期待して居りました。最悪の場合は、戦争に訴えるもやむを得ないが、当時の日英米の国力よりしても戦争遂行の極めて困難なことは、自覚しておりました。

いよいよ開戦決定を知った時の驚きは、甚大なるもので、私ども海軍士官の大部分の者は、戦争に対し悲観的であったのは、争えぬ事実です。ところが緒戦に思いがけざる戦果が挙ったので、この調子では、何とかやって行けるとの希望的観測が生じ、その上、東條内閣の宣伝指導がまた、「米英恐るるに足らず」であったので、緊褌《きんこん》一番の最重要時期に、国民一般は申すに及ばず、軍部に於ても戦争遂行までの準備に真剣味を欠いておりました。

ミッドウェー海戦の破綻に引き続き、ガダルカナル方面でも反攻に遭いました。ようやく米国の戦意は極めて旺盛になり、その絶大なる工業力に驚倒、対策樹立の暇もなく、全面的に戦況不利を招来致しました。

小生はラボール（注・ラバウル）占領当時から、ソロモン方面の戦に従事していたのですが、ガダルカナルの争奪戦が最悪の状態となるのを見て、戦勢如何とも致し難きを、痛感したことでした。

一九四二年十一月より翌四三年五月迄、トラック方面の駆逐艦長に転じておりましたが、一九四三年六月上旬に、ふたたびラボールを基地とする天霧駆逐艦長に転補せられました。当時、一時小康状態にあったソロモン方面の戦況も六月末に到り、レンドバ島を皮切りに米軍の反攻が急調に激しくなり、ラボール方面の海軍兵力は極めて手薄でした。

このため我方は対応に手を焼き、制空権を失い、昼間の出撃は困難となり、夜陰《やいん》に乗じ数隻の駆逐艦にて、陸兵及軍需品の輸送に、米艦隊の阻止にと狂奔しておりました。七月五日夜半より六日早暁にわたり行われたクラ湾夜戦で、レーダー装備の米艦隊より一方的な攻撃を受け、我が旗艦は緒戦で撃沈せられ、天霧及び二、三隻の駆逐艦にも被害がありました。

夜戦を特技として誇った我が水雷戦隊も作戦の自由を失うに到り、遂に科学の力、工業力の差は如何とも致し難く、その後も施設の改善を見ぬまま、陸兵救援の為、夜間出撃を余儀なくせられたのであります。

物量の前には、手の施し様もなく、十一月頃には、ブーゲンビル島も遂に、米軍の上陸するところとなり、数次に亘る同島沖の海戦の末、遂にラボールに後退するに到りました。

その間、連夜の出撃中、八月のある暗夜、至近距離に直進し来る艇を発見しましたが、砲火を用うるに暇なく、体当たりを以て撃沈しました。

それが貴台の艇だったと承り、その艇のかつて見ざる大胆不敵の行動を回想し感無量のものがあります。

それにしても真二つに割け、燃えながら沈下した艇より、無事に生還されたのは、何よりと御慶《よろこ》び申し上げます。

戦争に於て勇敢なるは、日本軍人の特質と教へられ、又その様に信じておりましたが、ソロモン方面のみにても、度々体験せる米海軍の勇敢さは驚異の感に打たれ、米海軍の戦意の如何に昂揚していたかを痛感した次第です。

講和発効後の今日、独立日本として立ち行くには、自由陣営の一員に加わる外に道なしと信ずるものですが、米国の対日政策、向米一辺倒の日本の現状に対しては、はなはだ厭《あ》き足らざるものがあります。

かつて鎬《しのぎ》を削って戦った過去は、互いに拭《ぬぐ》い去り、勝者敗者の観念を捨て、対等の立場で胸襟《きょうきん》を開き話し合って、治外法権的不平等條約協定を速やかに改定してこそ、真の日米親善を具現《ぐげん》し得るものと確信致します。

つきましては、貴台の如き蟠《わだかま》りなく寛容な方が、上院議員となられた暁には、日本の民の声を充分に斟酌《しんしゃく》して、これ等の問題解決に努められ、真の日米親善、ひいては世界平和確立に、貢献して下さることを信じ、衷心《ちゅうしん》より当選を御祈り申し上げます。

最後に選挙戦酣《たけなわ》ならんとする秋、ますます御自愛、御健闘を切にお祈り致します。

一九五二年九月十五日

実に堂々たる手紙であった。

ケネディと対等の立場で執筆、不平等条約の改正を訴え、日米親善をうたったこの手紙は、日本海軍士官としての誇りに満ちた名文であった。

花見は日本の行く末も見据えていた。

日米安保体制のもと日本は戦力を放棄したが、将来、国際社会において責任ある地位をしめるためには、すべてを米国に依存することには賛成できなかった。いずれかの時点で、国防軍も必要になると考えていた。それがこの手紙にもでていた。

ケネディの返信

一九五三年二月十八日(水)

花見弘平殿

親愛なる中佐殿

九月十五日にあなたから頂きましたとてもご親切で寛大なるお手紙に対しまして、ご返事が遅れました事をお許し頂きたいと存じます。ちょうどその折、私は政治活動の最も重要なさなかでありました。そして、最近では新たな仕事に取り組んでいるところであります。

あなたからのお手紙は大変役立つものでありましたので、私共は非常に有益な結果をもたらすものと思い新聞に公表させて頂きました。そして、これは私共二国間の友好を築く手助けになるものと私は考えております。

誠に勝手ながら、あなたにもご関心があるものと思い、一九四四年八月に発行されたリーダーズ・ダイジェストの中でジョーン・ハーシー氏が〝天霧〟が私共の魚雷艇を沈めた後に起きた出来事について書いた記事を私の自筆のサイン入りの写真と共にお送り致します。

もう一度日本を訪れる機会を持てますことが私の大いなる願いであります。そして、もしそれが叶いましたら、あなたとお話しできることを心より願っております。

私は日本とアメリカの関係が、両国の互いの安全のために堅固で強力である事が最も重要な事であると考えております。私は、その目的のために議員としての役目を果たしていくつもりでおります。

もしあなたがご関心のある事がありましたら、その折にふれ、ご連絡いただければ幸いです。

あなたのご親切にもう一度感謝申し上げますと共に、あなたの未来がすばらしいものでありますことを祈っております。

敬具

ジョン・F・ケネディ

ケネディはこの一九五三年九月、ジャクリーンと結婚した。美しく聡明な女性だった。彼女の父はフランス貴族の血を引くというジョン・ブーヴィエ三世、母はジャネットだった。

新年の挨拶

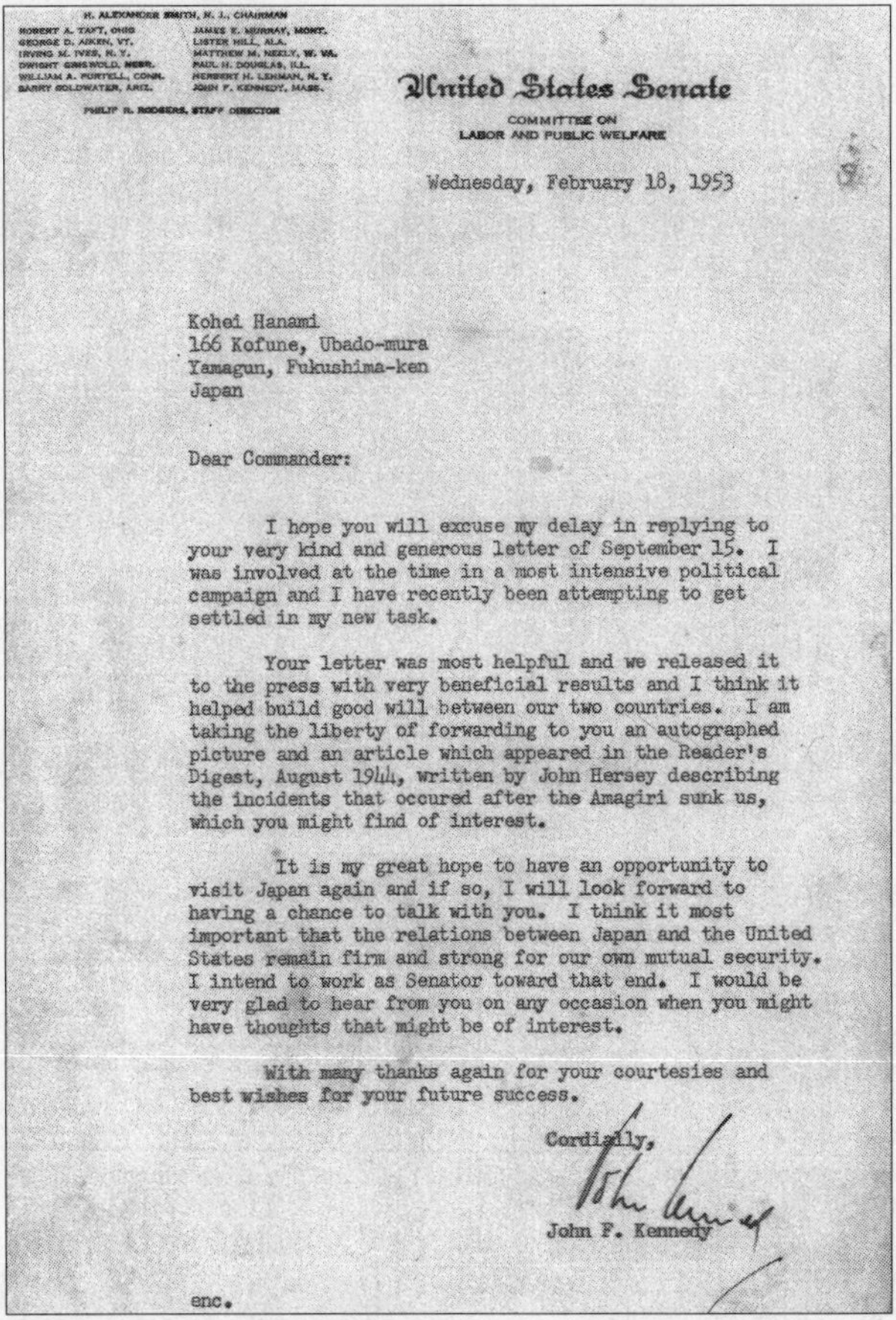

H. ALEXANDER SMITH, N. J., CHAIRMAN

ROBERT A. TAFT, OHIO　JAMES E. MURRAY, MONT.
GEORGE D. AIKEN, VT.　LISTER HILL, ALA.
IRVING M. IVES, N. Y.　MATTHEW M. NEELY, W. VA.
DWIGHT GRISWOLD, NEBR.　PAUL H. DOUGLAS, ILL.
WILLIAM A. PURTELL, CONN.　HERBERT H. LEHMAN, N. Y.
BARRY GOLDWATER, ARIZ.　JOHN F. KENNEDY, MASS.

PHILIP R. RODGERS, STAFF DIRECTOR

United States Senate

COMMITTEE ON
LABOR AND PUBLIC WELFARE

Wednesday, February 18, 1953

Kohei Hanami
166 Kofune, Ubado-mura
Yamagun, Fukushima-ken
Japan

Dear Commander:

I hope you will excuse my delay in replying to your very kind and generous letter of September 15. I was involved at the time in a most intensive political campaign and I have recently been attempting to get settled in my new task.

Your letter was most helpful and we released it to the press with very beneficial results and I think it helped build good will between our two countries. I am taking the liberty of forwarding to you an autographed picture and an article which appeared in the Reader's Digest, August 1944, written by John Hersey describing the incidents that occured after the Amagiri sunk us, which you might find of interest.

It is my great hope to have an opportunity to visit Japan again and if so, I will look forward to having a chance to talk with you. I think it most important that the relations between Japan and the United States remain firm and strong for our own mutual security. I intend to work as Senator toward that end. I would be very glad to hear from you on any occasion when you might have thoughts that might be of interest.

With many thanks again for your courtesies and best wishes for your future success.

Cordially,

John F. Kennedy

enc.

昭和28年、ケネディ上院議員から花見に写真とともに送られてきた返信には、花見からの手紙が選挙戦で非常に力になったと、感謝の言葉が綴ってあったこの年の暮れ、花見はケネディ上院議員に、クリスマスと新年の挨拶の手紙も送っていた。

謹んでクリスマス並びに新年の御挨拶を申上げます。

先程良縁を得られ御結婚の由、御目出とう御座いました。御夫妻の前途多幸ならんことをお祈り申上げます。

常に心にとめながら長らく英語に親しむ機会がありませんでしたので、文通も意の如くならず御無沙汰致しております。

今春ペルリ開国百年祭の折、御来日と承り御面接出来ることと楽しみにしておりましたが、その機会を得られず残念でした。明春御来訪の程、切に御勧め申上げます。

国際情勢は西欧圏と共産圏とに別れ、互に虎視眈々《こしたんたん》たる有様で眞の平和に到達するのはなかなか困難のことでしょうが、それとも徐々に好転しつゝ、あるやに見えますが、すみやかに改善せられる様望んでやみません。

日米間にも懸案が多々ありますが、互い独立国として対等の立場で国交を確立し親善関係樹立が肝要かと存ぜられます。

現にMSA交渉、日本の再軍備等問題が山積して居りますが、日本の財政面、経済状態ははなはだ安定を欠いておりますので、之の改善が根本問題で、すみやかに之を解決し然る後に自主的に再軍備を行なう如く話合いを進めるべきだと確信致します。

何とぞ日本の世論も斟酌の上、日米間の件は勿論国際情勢の改善に御尽力の程を切に御願ひ申上げます。

不順の折柄、御自愛の上御健斗のほど祈り上げます。

草々頓首

一九五三年十二月

花見　弘平

これも見事な手紙であった。ケネディに忌憚なくはっきり日本の立場をいえる人物、それが花見であった。ケネディもそこは十分に承知していた。

二人の道のり

その後、ケネディは上院議員に再選、大統領への道を歩むことになる。その道のりは決して平たんではなかった。

ライバルの共和党のビンセント・セレステ候補が、「私は百万長者、ジャック・ケネディを相手に戦っている。これまで一日も労働をしたことのないケネディを再選させてはならい。彼の選挙運動は金まみれだ」とこき下ろしたりもした。

一方、花見は昭和三十年（一九五五）、推されて塩川町の助役になり、その後、町長に選ばれた。助役時代の佐藤登町長が二期目の途中で病没したため花見が町長選に担ぎ出されたのだった。

駆逐艦の艦長だった花見は町の知名人であり、ケネディを沈めたヒーローだったが、選挙ははじめてである。てんやわんやの大騒ぎだった。自宅に事務所を設け、多くの人々の応援を受けて、見事に当選した。

ありがたいことだと花見は思った。

大統領選

昭和三十五年（一九六〇）一月二日、四十二歳の時、ケネディは大統領選への出馬を表明、激しい選挙戦に入った。

花見は軍医長の中島章氏、主計長の小野関不二夫氏、看護長の山崎義隆氏らを探し出し、九月一日に東京のホテル・ニュージャパンに集合、色紙に四人で激励の寄せ書きをした。ちょうど小野関氏が所用で渡米することになっていたので、色紙を託した。

小野関氏がケネディ候補に手渡すと、全米のマスコミが、競って海の勇士の友情をたたえた。出だし苦戦だったケネディは、これで一気に盛り返した。

昭和三十五年十一月一日
ジョン・ケネディ閣下
私の親友の小野関氏があなたを訪れたことはすべての新聞で報道されました。日本に

〈上〉昭和36年１月20日、国会議事堂での大統領就任式で宣誓するジョン・F・ケネディ（中央演壇の右側）。ここに第35代アメリカ大統領が誕生した
〈左〉昭和35年、大統領選に出馬したケネディに手渡された元天霧乗員による色紙。元駆逐艦長・花見弘平、元主計長・小野関不二夫、元軍医長・中島章、元看護長・山崎義隆の署名がある

いるため、あなたを応援できないことが残念です。しかし選挙戦に勝利して、あなたが米国大統領の誉れを手にされることを願っております。

天霧艦長　花見弘平

若き大統領誕生

激烈な戦い経てケネディは見事に当選し、昭和三十六年(一九六一)一月二十日、米国史上最年少で第三十五代大統領に就任した。

この時、花見のところにマスコミから取材が殺到し、花見は心をこめて祝福のメッセージを大統領に贈った。

昭和三十五年十一月十日

米国上院ジョン・ケネディ閣下

あなたの勝利に生き残った天霧の仲間とともに心からの祝福を表します。

艦長　花見弘平

花見を取材

私(星)は当時、福島民報の記者として会津若松に駐在していた。早速、塩川町に花見をたずね、喜びの声を聞いた。

「夢のような出来事です。合衆国大統領は世界のリーダーです。大いにがんばっていただきたい」

と花見は語り、数々の死線を乗り越え、米国のトップに上り詰めた若い大統領を称えた。

その時、私が書いた記事は昭和三十五年十一月十日付けの福島民報朝刊、社会面のトップ記事として次のように掲載された。

〝ケネディ艇長〟おめでとう

当選喜ぶ元日本駆逐艦長

全世界の注目を集めたアメリカ大統領選挙はついにケネディ氏の勝利となったが、ケネディ氏の当選を耶麻郡塩川町の一山村で心から喜んでいる元海軍中佐がいる。

この人は今から十七年前の太平洋戦争で、ケネディ氏の魚雷艇をごう沈させた駆逐艦天霧の元艦長花見弘平さん（五一）。

花見さんは戦時中は、海軍中佐で駆逐艦の艦長として活躍、数々の武勲を立てた。

ケネディ氏と花見さんの結びつきは、戦局不利となった昭和十八年の八月二日、当時、天霧駆逐艦長をしていた花見さんは、ソロモン海で、弾薬、食糧などの軍事品の輸送の任を負い北上していた。

星もなく、スコールもない夜で、視野は悪く、昼は飛行機、夜は夜戦部隊の魚雷艇に悩まされながら花見艦長はいつでも戦闘体制がとれるように命じていた。

時計が午前二時を指したとき、右前方千メートルに白波をけたてて迫ってくるものが見えた。

魚雷艇ととっさに判断、

「十一度面かじ、前進全速ッ」と叫び、三十四ノットで真っしぐらに魚雷艇に向かって突き進んだ。

魚雷艇を防ぐ唯一の戦法は体当たりと判断した花見さんは、魚雷艇に真正面向から体当たりを食わせた。

艇は真っ二つとなり沈没したが、その魚雷艇の艇長は背中に重傷を負いながらも生き残った十一人の部下を励まし暗黒の海を近くの島まで誘導した。

その心憎いまで落ち着いた艇長が海軍中尉ジョン・F・ケネディ氏だった。

やがて終戦となり、花見さんは郷里の耶麻都塩川町小府根字利根川に帰り農業の道に入った。

ケネディ艇長おめでとう
南太平洋で交戦
互いに感激、文通続ける
刃物

著者が書いた花見町長の取材記事。昭和35年11月10日付福島民報朝刊の社会面トップを飾った一方、ケネディ氏は政界への道を歩み下院議員として昭和二十六年秋来日、魚雷艇を沈めた勇敢な駆逐艦長に会いたいと国連協会理事長の細野軍治氏に依頼して帰った。

この話は花見さんに伝えられたが、昔の敵に敬意を表したいというケネディ氏のサインいりの写真と手紙が届いた。

手紙には、「私は近い将来、再び日本にいきたいと考えている。勇敢に戦ったあなたに私は心からの敬意を表する。私は艦長としてのあなたにお会いできるのを楽しみにしている。私は日本とアメリカの友情を固めることが必要だと考え、政治家としてあらゆる力を尽くしたい」と書いてあった。

昭和38年6月11日、ホワイトハウスから人種差別撤廃についてテレビ演説を行なうケネディ大統領

自衛隊からの強い誘いを避けて帰農した花見さんの胸は締め付けられるように南太平洋の暗い海に走った。戦いはすでに終わった。

しのぎを削った過去は忘れ、勝者、敗者の立場を捨て世界の平和に寄与しなければ――。

その後、花見氏とケネディ氏との間に何度も文通が続いた。その手紙を通じてケネディ氏の人間像が、はっきり浮かび上がってきた。

勇猛沈着で、優秀な指導性を持った人、公平寛容で、ベストセラーをものにするという幅広く若々しさにあふれている男。

花見さんは新しいアメリカの大統領にふさわしい人として、心からケネディ新大統領に祝福を贈っている。

私はこのような原稿を本社に送稿した。私はこの日、長い時間、花見さんと話し合った。

武人の言葉

私が印象に残ったのは、敵将を称える花見の武人としての次の言葉だった。

私は相手が誰であったか、もちろん全く知りませんでした。全員戦死だったろうと思っていました。

私どもは敵の個人個人に憎しみを持って戦ったのではありません。まして海軍での戦いは「機械の戦い」といってよく、人間的に恨みが湧きようがないのです。ケネディ氏もそれは同じであったろうと思います。

私はケネディ氏を偉いと思いました。彼はアメリカでも名だたる富豪の息子であり、父は駐英大使を勤めました。名門ハーバード大を出て、洋々たる前途に恵まれていたにもかかわらず、危険で苦しい魚雷艇乗りを選んだのでした。私はそれに感動しました。

なにを好んで魚雷艇など選んだのか、もっと安全で楽な勤務もあったろうにと。アメリカでも魚雷艇は消耗品だと言われているくらいだったのです。

「ノブレス・オブリージ」という言葉を思い出しました。

身分が高ければ高い義務が伴うという意味で、イギリスの貴族はよくその規範をたれるそうです。ケネディ氏の場合も、これだと思ったのでした。事実、彼の兄ジョセフ二世も海軍爆撃隊のパイロットとして、ヨーロッパの空で散っているのです。

ケネディ氏は自分でも負傷しているにもかかわらず、沈着さと適切な判断をもって部下をリードしました。

生き残りの部下十一人中には重傷者もいたのです。島から島へ泳いだり、小舟に乗ったりして五日の後、全員が味方に救い出されたのでした。これはなまはんかな力で出来るものではありません。

沈没してからの処置の適切さ、機を見るに敏なこと、忍耐強さと全く感心するばかりです。その勇気と忍耐は賞賛されて然るべきものと思われます。

これは日本海軍の駆逐艦天霧艦長のプライドと会津出身のサムライの心意気も込めた、敵将を称賛する花見さんの言葉だった。

ロバート来日

昭和三十七年二月、アメリカからケネディ大統領の弟ロバート・ケネディ氏が来日し、花見ら天霧の乗組員と友好を深めた。

五月二十九日にはケネディ大統領の四十五回誕生祝賀会が日本外政学会の主催で東京・如水会館で催された。

祝賀会にはライシャワー駐日大使も出席し、

「ケネディ大統領ほど珍しい形で選挙運動を始めた人はいないでしょう。すなわちケネディ大統領が天霧によって沈められ英雄になったことから、彼の選挙運動が始まり、そのお陰で私が大使になれたのですから、天霧会の皆さんにお礼を言いたいのです」

と挨拶し、会場を大いに沸かせた。

日米クルー涙の握手

昭和三十八年八月一日、天霧とPT109の衝突から二十年ぶりに当時のケネディ中尉の魚雷艇乗組員と天霧乗組員とが戦場ではなく東京で再会した。

生死をかけて戦った日米両国海軍の士官、水兵同士の初顔合わせであった。きせずして駆け寄り、固い握手をかわし、むせび泣く人もいた。

銀座東急ホテルでの歓迎夕食会、続いて築地東劇においてアメリカの映画会社が製作した「魚雷艇一〇九」特別試写会が開かれた。

翌二日午後一時からは日比谷公会堂にて日米交歓式典と日米両国戦友会代表による講演会。午後六時から高輪の高輪閣において日米交歓晩餐会が開かれた。

英雄の死

大統領としてのケネディの活躍は見事だった。このころソビエトとアメリカの対立は頂点に達し、あわや第三次世界大戦かと思われたが、フルシチョフがキューバからミサイルを撤去したことで危機を乗り越えた。

ケネディは英雄になったが、ベルリンの壁の構築やベトナム戦争もあった。ベトナム戦争では五万人を超える米兵が戦死した。

昭和三十八年（一九六三）十一月二十二日、ダラス訪問中にケネディはオープンカーの中で銃撃されて死亡した。

花見はその知らせを聞いてぼう然とした。永遠に会うことはできなくなったのだ。

花見の頬をとめどなく涙が流れた。

「悲しいね」

と妻がいった。

この時、のちに駐日大使として来日する娘のキャロラインはまだ六歳だった。葬儀の日、手を振って父を見送る痛々しい姿が、世界の人々の涙をさそった。

もちろんのことだが、アメリカにはケネディを愛する人が大勢いた。その人々が子供から老人まで花見に手紙をよこした。

駐日大使館や防衛庁からもよく電話があった。

その都度、花見はケネディの偉大な生涯に思いをはせ、ケネディと戦場で出会ったことを誇りに思った。

第三の人生

花見はその後、昭和四十一年(一九六六)の選挙で敗れるまで塩川町長をつとめた。まだ五十七歳で引退するには早かったが、人生を深く考えるには、ちょうどいい時期だった。しかし村の人々は花見をほおっておかず、今度は土地改良区の理事長に推され、水田の整備事業に取り組んだ。

このころになると、農業の機械化が進み、人手が余るようになり、若いお母さんたちは工場、商店などに働きに出るようになった。

妻は、外で働くお母さんのために幼児を世話する保育園の設置に走り回り、町立保育所を作り上げた。妻は相変わらず活動家だった。

ケネディ大統領夫妻と娘のキャロライン。暗殺3ヵ月前の1963年8月25日、大統領専用ヨットのハニー・フィッツ号船上で撮影

1963年11月24日、ケネディ大統領の葬儀の日、国会議事堂を後にする遺族。2人の子供の手を引くジャクリーン夫人の後ろは弟ロバート、妹パトリシア

アーリントン墓地

花見の趣味は旅行だった。国内旅行はもちろん、海外旅行も五十歳ごろから始めて年に一回、十日から十四日くらい妻と二人で家を空けた。

アメリカ・ワシントンのアーリントン墓地に出かけ、ケネディ兄弟のお墓参りをしたのは昭和五十五年（一九八〇）の秋であった。

「やっとケネディさんに会えましたね」

と妻が言った。

若い頃、海軍兵学校の遠洋航海でアメリカ、カナダ方面に向かい、ワシントンやニューヨーク、アナポリスの米国海軍兵学校などを見学したことが懐かしく思い出された。ハワイには昭和五十七年に行き、パールハーバーを遊覧船で回った。日本語の案内もあり、海軍航空隊に沈められたアリゾナの記念館なども当時を思い出させた。

昭和六十二年（一九八七）、陸軍参謀を務めた二番目の弟侃《なおし》が体調を崩し、八月に永眠した。弟の分も生きなければと、花見は思った。

土地改良区の理事長は、その後も続け、海軍兵学校のクラス会、天霧会、曙会、小学校や中学校のクラス会、海外旅行、国内旅行と忙しい日々をこなした。

平成四年（一九九二）三月にオランダに行った時のことである。東京駅の階段を降りる時、花見は足が思うように動かず、そろそろ年貢の納め時かと思った。

その二年後、花見は会津若松の病院でガンと宣告され、平成六年（一九九四）十二月、花見は愛妻に看取られながら、眠るように息を引き取った。
八十五歳だった。

顕彰碑

昭和55年、ジョン・F・ケネディとロバートの兄弟が眠るアーリントン墓地を訪ねた花見弘平・和子夫妻

その二年後に、喜多方市塩川町下利根川地区の人々が花見の顕彰碑を建てた。
下利根川の集会所を新築する際、花見が自分の土地を寄付しており、集落の人々が感謝の気持をこめて顕彰碑の建立を決めたのだった。碑文にはこうあった。

花見弘平氏は、明治四十二年八月耶麻郡姥堂村で花見清喜氏の二男として生れ、大正十五年喜多方中学から海軍兵学校へ、昭和五年海軍少尉、太平洋戦争と同時に南太平洋、インド洋などの戦務に従事、特に昭和十八年八月に駆逐艦「天霧」の艦長として、ソロモン諸島付近で後のアメリカ大統領ジョン・F・ケネディ氏の乗り込む魚雷艇と遭遇しこれを撃破したが、あえてこれを追わなかったことがケネディ氏を痛く感激させた。

又昭和十九年十二月海軍中佐となり勲三等瑞宝章の栄誉に浴した。

終戦後は昭和三十年十二月から四年間塩川町助役、昭和三十七年一月から四年間は町村合併後の第二代塩川町長として、町政の進展と住民福祉の向上のため多大な貢献をされた。

合併後間もないこの時期は、町財政はもとより数多くの難題を抱えていたが転換期における農業経営改善の推進、町を縦横断する日橋川などの河川改修事業や橋梁の整備、町営住宅、町民プールをはじめとする公共施設の建設、上水道の普及と都市計画事業の推進などに渾身の努力をされ、塩川町の新しい基盤を築かれた。

又同四十二年から十五年間は利根川土地改良区理事長、同五十七年から八年間は会津北部土地改良区副理事長を務められ、土地改良事業の推進に尽くされた業績は誠に甚大である。

平成六年十二月に逝去された。享年八十五歳。

ここに生涯を郷土の繁栄と住民福祉の向上に尽くされた熱誠と功績を讃えこれを顕彰し、以て永く後世に伝え遺徳を宣揚する次第である。

私は顕彰碑を見つめながら、この本を書くことができた幸せをかみしめた。

あとがき

ケネディを沈めた男、花見弘平で思い出すのは、日本が日米戦争で敗れたことに対する反省だった。

「ひどい戦争だった」

花見はぽつんといった。花見は一貫して駆逐艦乗りで、参謀ではなかった。海に出ることに生きがいを感じ、懸命に戦った男だった。

旧海軍の参謀たちは自ら戦場に出ることもなく、「何がアメリカだ、やっちぇえ、やっちゃえ」と気合で決まった作戦もあった。

連合艦隊司令長官山本五十六は日米戦争に反対だった。国力が違いすぎる。石油も産出しない。勝てるはずはないと反対した。

しかし、日本人は中国からの撤退を求める米国に反発し、こぞって反米だった。山本は仕方がないと真珠湾を奇襲攻撃し、米国と和平交渉に臨もうとしたが、米軍は猛反撃で日本に立ち向かい、ミッドウェー海戦で敗れた日本海軍は瓦解の一途をたどった。

現在、海上自衛隊は世界的視野にたって米海軍と共同でアジアの海の防衛にあたっており、花見も安心してあの世から日本の防衛政策を見つめているに違いない。

福島県は米国大統領と関連が深いようで、第四十六代米大統領に就任したジョー・バイデン氏に世界の注目が集まる中、福島県須賀川市郊外にある福島交通のバス停「上梅田（かみうめだ）」が「じょうばいでん」と読めると話題になっており、見学者が増えているという。

これも注目の話題である。

バイデン新大統領も読んでくださることを期待したい。

令和三年二月

星　亮一

参考・引用文献

『ケネディの艇を沈めた男　夫・弘平との六十年』花見和子著（私家版）
『太平洋の試練』イアン・トール著、村上和久訳（文藝春秋）
『戦藻録　大東亜戦争秘記』宇垣纏著（原書房）
戦史叢書『南太平洋陸軍作戦〈2〉』防衛庁防衛研修所戦史室編（朝雲新聞社）
戦史叢書『大本営海軍部・聯合艦隊〈3〉』防衛庁防衛研修所戦史室編（朝雲新聞社）
戦史叢書『ミッドウェー海戦』防衛庁防衛研修所戦史室編（朝雲新聞社）
『高松宮日記』高松宮宣仁著（中央公論社）
『ラバウル海軍航空隊』奥宮正武著（朝日ソノラマ）
『サムライ零戦記者』吉田一著（光人社NF文庫）
『太平洋の提督　山本五十六の生涯』ジョン・D・ポッター著、児島襄訳（恒文社）
『人間山本五十六』反町栄一著（光和堂）
『ケネディ「神話」と実像』土田宏著（中公新書）
『PT109―太平洋戦争とケネディ中尉』ロバート・ドノヴァン著、波多野裕造訳（日本外政学会）
『昭和軍事秘話〈全三巻〉』（同台経済懇話会）
『マッカーサー大戦回顧録』ダグラス・マッカーサー著、津島一夫訳（中公文庫）
『あゝ少年航空兵』日本雄飛会編（原書房）

『ラバウル最後の一機』白根雄三著（日本文華社）
『作戦日誌で綴る大東亜戦争』井本熊男著（芙蓉書房）
『日米開戦勝算なし』NHK取材班編（角川文庫）
『ノモンハン』アルヴィン・D・クックス著（朝日新聞社）
『ミッドウェーの奇跡』ゴードン・W・プランゲ著、千早正隆訳（原書房）
『トラトラトラ』ゴードン・W・プランゲ著、千早正隆訳（日本リーダーズダイジェスト社）
『大日本帝国の興亡』ジョン・トーランド著、毎日新聞社訳（早川書房）
『太平洋戦争の研究―こうすれば日本は勝っていた』ピーター・G・ツォーラス著、左近允尚敏訳（PHP研究所）
『アメリカはいかにして日本を追い詰めたか：「米国陸軍戦略研究所レポート」から読み解く日米開戦』ジェフリー・レコード著、渡辺惣樹訳（草思社）
『証言録 海軍反省会』戸高一成編（PHP研究所）
『大東亜戦史　太平洋編』（富士書苑）
『ニミッツの太平洋海戦史』チェスター・W・ニミッツ／エルマー・B・ポッター著、実松譲／富永謙吾訳（恒文社）
『ケネディ家の人びと』ピーター・コリヤー／デヴィッド・ホロウィッツ著、鈴木主税訳（草思社）
『井上成美』井上成美伝記刊行会編（私家版）

NF文庫

ケネディを沈めた男

二〇二二年三月二十二日 第一刷発行
著 者 星 亮一
発行者 皆川豪志
発行所 株式会社 潮書房光人新社
〒100-8077 東京都千代田区大手町一-七-二
電話/〇三-六二八一-九八九一代
印刷・製本 凸版印刷株式会社
定価はカバーに表示してあります
乱丁・落丁のものはお取りかえ致します。本文は中性紙を使用

ISBN978-4-7698-3207-2 C0195
http://www.kojinsha.co.jp

NF文庫

刊行のことば

第二次世界大戦の戦火が熄《や》んで五〇年――その間、小社は夥しい数の戦争の記録を渉猟し、発掘し、常に公正なる立場を貫いて書誌とし、大方の絶讃を博して今日に及ぶが、その源は、散華された世代への熱き思い入れであり、同時に、その記録を誌して平和の礎とし、後世に伝えんとするにある。

小社の出版物は、戦記、伝記、文学、エッセイ、写真集、その他、すでに一、〇〇〇点を越え、加えて戦後五〇年になんなんとするを契機として、「光人社NF（ノンフィクション）文庫」を創刊して、読者諸賢の熱烈要望におこたえする次第である。人生のバイブルとして、心弱きときの活性の糧《かて》として、散華の世代からの感動の肉声に、あなたもぜひ、耳を傾けて下さい。